Curso Modular de Español Lengua Extranjera

Libro del Alumno

Nivel 2

Carlos Romero Dueñas
Alfredo González Hermoso

GRUPO DIDASCALIA, S.A.

Primera edición: 2004
Impreso en España / Printed in Spain

© **Edelsa Grupo Didascalia,** S. A. Madrid, 2004
Autores: Carlos Romero Dueñas y Alfredo González Hermoso

Dirección y coordinación editorial: Departamento de Edición de Edelsa
Diseño de cubierta: Departamento de Imagen de Edelsa
Adaptación gráfica y maquetación de interior: Dolors Albareda

Imprenta: Peñalara

ISBN: 84-7711-898-1
Depósito Legal: M-45176-2004

Fuentes, créditos y agradecimientos:

Logotipos:
BOE del 25/09/1999 y BOE del 28/09/1999, Ministerio del Interior, página 9
Caixa Catalunya, Telentrada, página 37
ONU, página 47
El Corte Inglés, página 54
Telefónica, página 54
La Vanguardia, páginas 78 y 84
El Mundo, página 84

Carteles de películas:
El Deseo D.A., S.L.U. y Milestone Productions Inc., *Mi vida sin mí*, página 36
Lola films, *La niña de tus ojos*, página 36
ÁBACO MOVIES *Tánger*, página 43

Ilustraciones:
Nacho de Marcos

Notas:
- La editorial Edelsa ha solicitado los permisos de reproducción correspondientes y da las gracias a todas aquellas instituciones que han prestado su colaboración.
- Las imágenes y documentos no consignados más arriba pertenecen al departamento de Imagen de Edelsa.

Prólogo

El método intensivo **ECO** cubre las necesidades de estudiantes que precisan un aprendizaje de los fundamentos del español de manera rápida y concentrada. Para ello se les ofrece un manual con objetivos y actividades claramente definidos y progresivos para construir un saber hacer lingüístico y comunicativo con el que interactuar en un contexto hispanohablante.

Se propone una progresión dinámica en forma de espiral: observación y comprensión, aprendizaje y recapitulación. Es un método sencillo y claro, a través del cual el estudiante percibe en cada momento que está aprendiendo y, sobre todo, se da cuenta de los logros realizados.

Enfoque y contenidos

Introducción a la unidad

Cada unidad arranca con un documento que permite centrar al estudiante en los elementos clave del diálogo, que serán estudiados con detenimiento a lo largo de la unidad.

Comprensión y práctica

ECO hace hincapié en el desarrollo de las destrezas de la comprensión, puesto que el proceso de comprensión auditiva es imprescindible para la comunicación: no se puede interactuar si no se ha comprendido. Para entender hay que escuchar, descifrar e interpretar el mensaje.

Para desarrollar la destreza de la comprensión auditiva y entrenar al estudiante en contextos de uso reales de la lengua, se amplía la sección con un apartado, *Cadena ECO*, en el que se presentan pequeñas audiciones radiofónicas auténticas y otras locuciones, y se proponen unas actividades de comprensión.

Léxico

El estudiante necesita memorizar léxico para facilitarle la expresión oral y escrita.

Comprensión lectora

A partir de un texto auténtico se propone una serie de preguntas y actividades de control de la comprensión para desarrollar en los estudiantes su capacidad de comprensión lectora.

Gramática

ECO propone una presentación explícita y didáctica de las reglas de la gramática en cuadros claros y precisos, y una serie de ejercicios de sistematización y actividades controladas para garantizar un conocimiento práctico de dicha gramática.

Expresión oral

Se presentan unas actividades que van encaminadas a que el estudiante reutilice de forma creativa, pero controlada y dirigida, sus conocimientos y habilidades recién desarrolladas.

Expresión escrita

A partir de un modelo y del análisis de los componentes específicos del código escrito, se realiza una serie de actividades que culminan con la producción de un texto escrito.

Mundo hispano

Se potencia un aprendizaje pluricultural y el descubrimiento de la dimensión sociocultural del español de España y de América Latina mediante actividades y documentos motivadores.

Ya conoces

Al final de cada unidad hay una página con cuadros-resumen.

Mi primera novela

Al final de este volumen, se ofrece una novela adaptada para estimular al alumno a la lectura en español y, al mismo tiempo, para desarrollar en él su capacidad de comprensión lectora.

El Cuaderno de Refuerzo

El *Cuaderno de Refuerzo* es una amplia recopilación de ejercicios prácticos como entrenamiento y práctica para un trabajo en clase o en autonomía. Se pretende también que le sirva al estudiante como entrenamiento al examen *Certificado Inicial de español* del Instituto Cervantes.

ECO es, en definitiva, un libro motivador para el estudiante, porque le permite ir rápidamente a lo esencial y tomar conciencia paso a paso de los progresos realizados.

Los autores

Competencias lingüísticas y pragmátic[as]

Unidad	Funciones	Comprensión y práctica	Léxico	Comprensión lect[ora]
1 Se le dan bien los idiomas pág. 6	• Charlar sobre las relaciones con las personas. • Describir lugares y situaciones en pasado. • Expresar la duración de una acción comenzada en el pasado. • Hablar de acciones habituales en el pasado. • Expresar aptitud (DÁRSELE *BIEN / MAL* algo a alguien).	• Charlando de estudios.	• Estrategias de aprendizaje.	• Estudiar en España.
2 Ofertas de última hora pág. 16	• Organizar una excursión o un viaje. • Comprender la información de un folleto turístico. • Proponer y hacer planes. • Ofrecer ayuda o un servicio. • Describir y expresar deseos, esperanzas, ambiciones.	• Preparando las vacaciones.	• Los viajes.	• Intercambio de casas y apartamentos.
3 Tienes que ir al médico pág. 26	• Manejarse en una consulta médica. • Proporcionar información en una consulta. • Describir costumbres y comportamientos. • Expresar gustos y sentimientos. • Hablar de normas sociales.	• En una consulta médica.	• El cuerpo humano. • La salud.	• Prospectos médicos.
4 Ponen la última pág. 36	• Hacer una crítica de cine. • Entender y ofrecer opiniones y argumentos en un debate. • Desarrollar argumentos, razonamientos y explicaciones de opiniones, planes y acciones. • Expresar acuerdo y desacuerdo. • Expresar cortesía.	• Opinando sobre cine.	• El cine.	• Opiniones sobre el ci[ne].
5 ¿Tiene experiencia laboral? pág. 46	• Manejarse en una entrevista de trabajo. • Comprender la información de un texto narrativo. • Realizar una narración de un acontecimiento, real o imaginario. • Relacionar diferentes acciones pasadas.	• En una entrevista de trabajo.	• El trabajo.	• Las mujeres y el traba[jo].
6 ¿Quieren ver el piso? pág. 56	• Saber alquilar un piso. • Comprender información técnica relativa a aparatos de uso habitual. • Comprender y dar instrucciones e indicaciones. • Dar consejos y recomendaciones.	• Alquilando un piso.	• Anuncios de viviendas.	• Las facturas domésticas.
7 Nos casamos el día 23 pág. 66	• Interactuar en situaciones sociales protocolarias. • Describir personas, relaciones y sentimientos. • Explicar experiencias, describiendo sentimientos y reacciones. • Expresar probabilidad. • Saber responder a sentimientos como la sorpresa, la extrañeza, la felicidad, el interés y la indiferencia. • Valorar acciones.	• Preparando una boda.	• La familia política. • La boda.	• Costumbres de las bod[as].
8 Lo han dicho en la tele pág. 76	• Comprender los programas informativos de radio o televisión. • Transmitir lo dicho por otras personas. • Pedir que se transmita un mensaje.	• Una noticia.	• Secciones de un periódico.	• La noticia. • Artículos de opinión.

Índice

Conocimiento sociocultural

Gramática	Expresión oral	Expresión escrita	Mundo hispano
• Repaso de los verbos en pasado. • Expresar la duración. Verbos recíprocos.	• Charlar de los estudios y hábitos de aprendizaje.	• La redacción.	• El sistema educativo en España.
• Presente de Subjuntivo. Expresar deseos y esperanzas. • *OJALÁ*. Ofrecer ayuda.	• Preparar un viaje.	• El reportaje.	• Parques Nacionales.
• Expresar gustos y sentimientos. Oraciones de relativo. • Contraste Indicativo / Subjuntivo. Algunos usos de *SER* y *ESTAR*.	• Hablar con el médico. • Las normas sociales.	• El cuestionario.	• Hábitos españoles.
• Condicional. • Artículo neutro *LO*. Expresar la opinión.	• Participar en un debate.	• Una crítica de cine.	• Los premios Oscar hispanos.
• Pretérito Pluscuamperfecto. Contraste de pretéritos. • Contraste de pretéritos. Pretérito de *ESTAR* + gerundio.	• Hablar del trabajo. • Realizar una entrevista.	• El currículum vitae. • La carta formal.	• Empresas hispanas en el mundo.
• Repaso del Imperativo. Perífrasis de obligación. • Oraciones finales y condicionales. *YO QUE TÚ* + Condicional.	• Problemas y soluciones. • Cambiar de casa.	• Los anuncios personales.	• La vivienda en España.
• Pretérito Perfecto de Subjuntivo. • Expresar hipótesis. Valorar. Verbos con preposición.	• Contar experiencias.	• La carta personal.	• Las supersticiones.
• Estilo indirecto: cambios en las palabras. • Estilo indirecto: transformaciones verbales.	• Transmitir información. • Las citas.	• El resumen.	• Periódicos hispanos.

1 Se le dan bien los idiomas

1 Empieza un nuevo curso en esta academia y es época de matrículas.

a. Observa la imagen. ¿De qué crees que están hablando?

- Se saludan.
- Se presentan.
- Hablan de los profesores.
- Hablan de los exámenes.
- Eligen un horario de clase.
- Charlan sobre la universidad.
- Hablan sobre el curso anterior.
- Se cuentan cómo han pasado el verano.
- Comentan el precio de la matrícula.
- Explican cómo aprenden mejor los idiomas.

b. Ahora escucha el diálogo y comprueba. En caso afirmativo, contesta a las preguntas.

	SÍ	NO		
1. ¿Se saludan?	☐	☐	¿Quiénes?	....
2. ¿Se presentan?	☐	☐	¿Quiénes?	....
3. ¿Hablan de los profesores?	☐	☐	¿De qué profesor/es?	....
4. ¿Hablan de los exámenes?	☐	☐	¿De qué examen/es?	....
5. ¿Charlan sobre la universidad?	☐	☐	¿Qué estudian?	....
6. ¿Eligen un horario de clase?	☐	☐	¿Qué horario?	....
7. ¿Hablan del curso anterior?	☐	☐	¿Qué dicen?	....
8. ¿Se cuentan cómo han pasado el verano?	☐	☐	¿Qué han hecho?	....
9. ¿Comentan el precio de la matrícula?	☐	☐	¿Cuánto vale?	....
10. ¿Explican cómo aprenden mejor los idiomas?	☐	☐	¿Cómo aprenden mejor?	....

Comprensión y práctica A
Charlando de estudios

Conocer a los nuevos compañeros de curso.

a. Relaciona las preguntas con las respuestas.

a. ¿Cuánto tiempo llevas estudiando español?
b. ¿Cuándo estudiaste español por última vez?
c. ¿Qué hacíais en clase?
d. ¿Cómo era tu profesora?
e. ¿Conoces a algún compañero?
f. ¿Qué tal se te dan los idiomas?
g. ¿Estudias otros idiomas?
h. ¿Has estudiado español en el extranjero?
i. ¿Qué tal fue la experiencia?

1. Solíamos trabajar en grupo.
2. (Llevo) cinco años.
3. Conozco a varios desde el curso pasado.
4. Se me dan bastante bien.
5. Me encantó. Estuve poco tiempo pero aprendí bastante.
6. Sí, también estudio francés y portugués.
7. Estudié español el curso pasado.
8. Sí, he estado en México este verano.
9. Era muy simpática y hacía las clases muy amenas.

b. ¿Qué responderías tú a las preguntas de la actividad anterior? Habla con tu compañero.

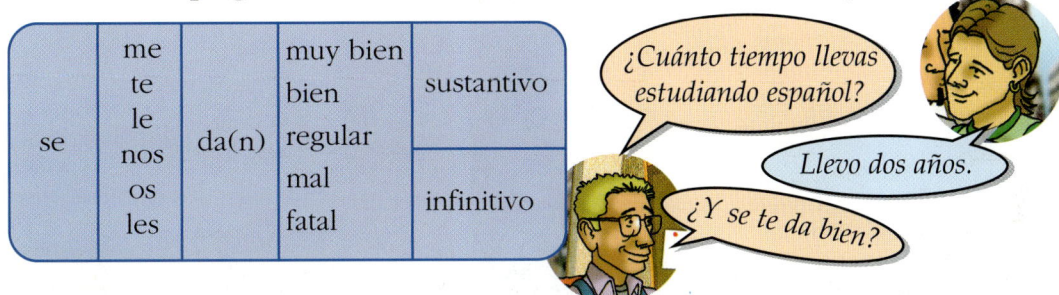

se	me / te / le / nos / os / les	da(n)	muy bien / bien / regular / mal / fatal	sustantivo
				infinitivo

¿Cuánto tiempo llevas estudiando español?
Llevo dos años.
¿Y se te da bien?

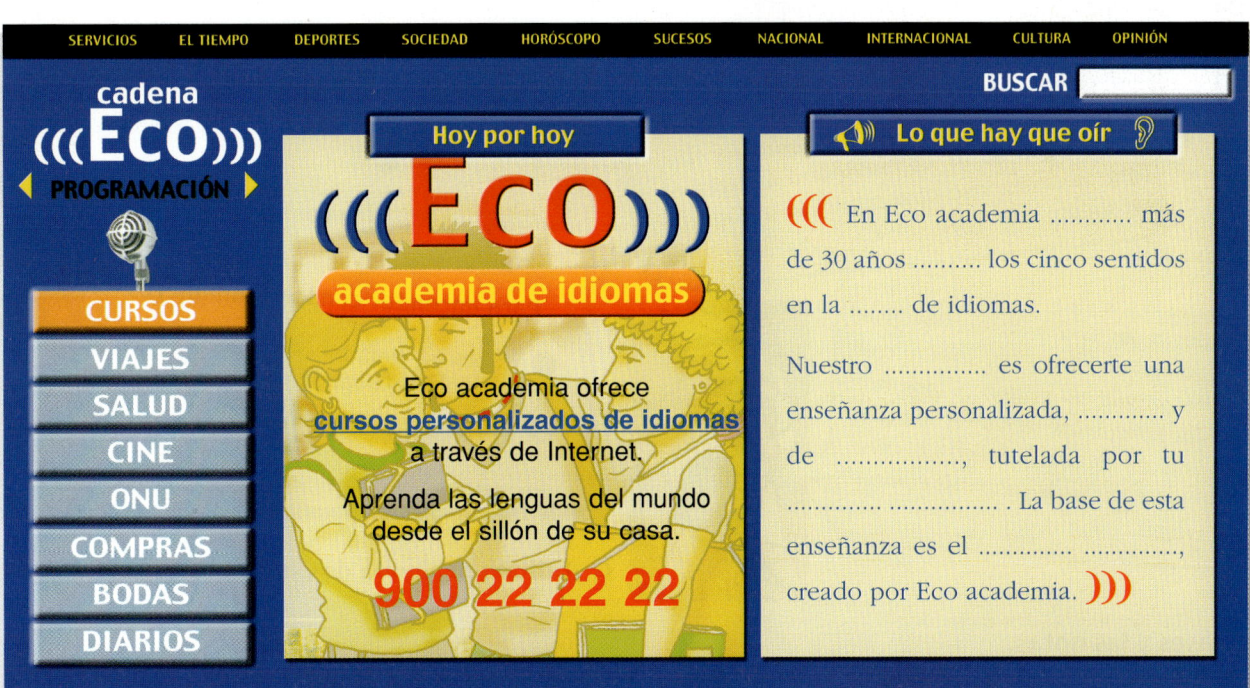

a. Completa el anuncio en "Lo que hay que oír".
b. ¿Cuántos alumnos estudian con este método en todo el mundo? Escribe la respuesta. ....
c. ¿Cuáles son las características de este método? Marca las respuestas correctas.

☐ Sirve para un determinado perfil de estudiante.
☐ Los alumnos eligen su propio horario.
☐ Se puede estudiar a cualquier hora en Internet.
☐ Se adapta a cualquier tipo de alumnos.
☐ Se puede buscar más información en Internet.

Léxico B

Estrategias de aprendizaje

1 ¿Qué haces cuando aprendes algo nuevo (palabras, expresiones, reglas, etc.)?

a. Lee lo que dicen estos estudiantes.

Cuando aprendo una palabra nueva, la asocio con otra que ya sé, por ejemplo, pongo la palabra nueva junto con otras que tienen relación (ropa, colores, etc.). Aunque luego, al hablar, si no encuentro la palabra que necesito, hago gestos para explicarme.

Pues yo leo mucho en español y, si encuentro palabras que no entiendo, intento adivinar su significado por el contexto. Luego hago frases con las palabras nuevas para poderlas recordar mejor. Lo más importante es practicar mucho, yo hablo en español con mis compañeros incluso fuera de clase, así aprendo con ellos.

Yo aprendo muchas palabras y expresiones viendo películas y escuchando música en español. Cuando oigo una palabra nueva, la repito o la escribo muchas veces y así luego la recuerdo mejor. De todas formas, cuando hablo, si no encuentro la palabra que necesito, uso otra parecida o describo la idea.

Pues yo recuerdo las palabras nuevas porque, al aprenderlas, relaciono su sonido con el sonido de otra que ya conozco. Además practico a solas porque las repito en voz alta e intento pensar en español. Luego en clase hablo mucho y me gusta cuando mis compañeros me corrigen.

b. Clasifica las estrategias de aprendizaje de estos estudiantes en el cuadro.

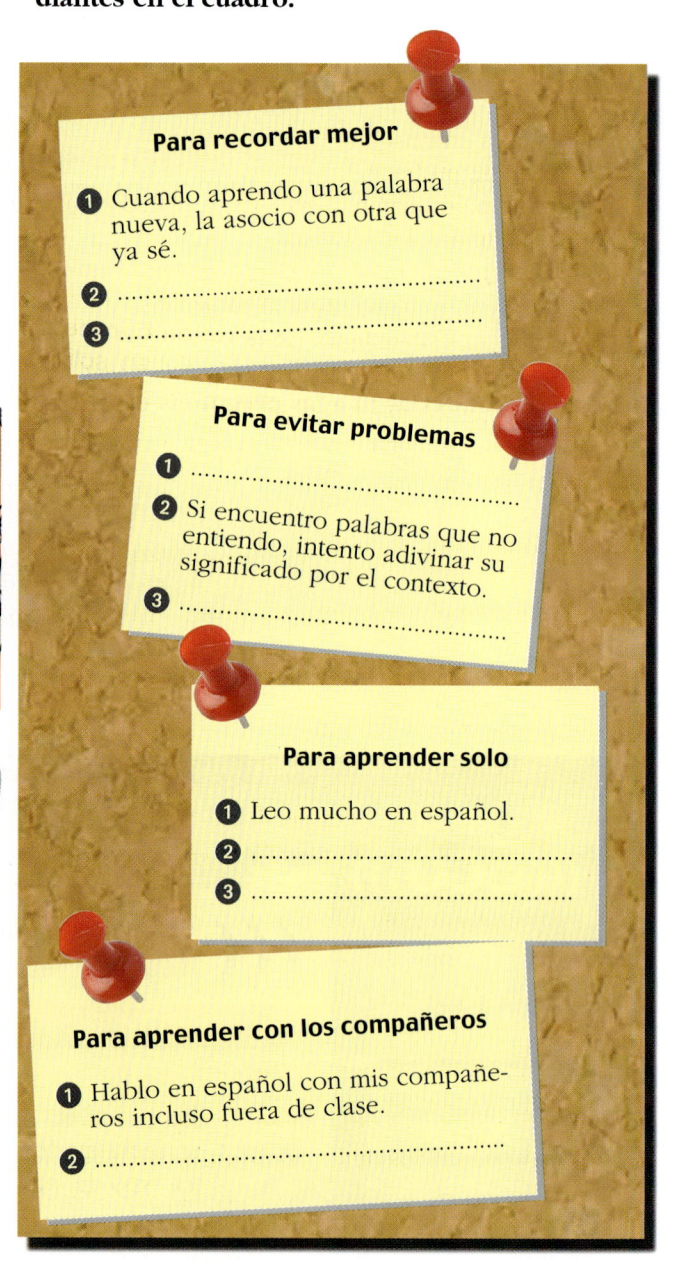

Para recordar mejor
1. Cuando aprendo una palabra nueva, la asocio con otra que ya sé.
2. ....
3. ....

Para evitar problemas
1. ....
2. Si encuentro palabras que no entiendo, intento adivinar su significado por el contexto.
3. ....

Para aprender solo
1. Leo mucho en español.
2. ....
3. ....

Para aprender con los compañeros
1. Hablo en español con mis compañeros incluso fuera de clase.
2. ....

c. ¿Utilizas tú alguna de estas estrategias? ¿Cuáles?

2 Las clases y las notas.

a. Escucha el diálogo entre Asun y Laura y relaciona.

a. Asistir...
b. Matricularse...
c. Presentarse...
d. Sacar...
e. Tomar...
f. Hacer...
g. Elegir...

① a un examen.
② un horario.
③ apuntes.
④ a clase.
⑤ los deberes.
⑥ buena/mala nota.
⑦ en el curso.

b. A partir del diálogo, deduce el orden de estas calificaciones de menos a más.

☐ Suspenso
☐ Sobresaliente
☐ Notable
☐ Aprobado

Comprensión lectora C
Estudiar en España

Solicitud de permisos de residencia para estudiar en España.

a. Lee este documento sobre normativa y permisos de residencia.

ESTUDIAR EN ESPAÑA

1. **Ciudadanos de la Unión Europea:** tienen derecho a entrar, salir, circular y permanecer libremente en el territorio español.
2. **Ciudadanos de fuera de la Unión Europea:**
   a) Antes de venir a España, deben solicitar el visado de estancia en las embajadas y consulados españoles en su país de origen.
   b) Si la duración de los estudios es de 6 meses o más, una vez en España tendrán que obtener la tarjeta de residente como estudiante en la comisaría de policía de la ciudad española donde vive. Para obtener la tarjeta, deberá:
   – Estar matriculado en cualquier centro de estudios, público o privado, para cursar estudios de una duración no menor a 3 meses.
   – Tener los medios económicos necesarios para pagar el coste de los estudios y los gastos de la estancia y de regreso a su país.
3. Para la **renovación de la autorización de estancia por estudios**, además de cumplir las condiciones del punto 2, excepto la presentación del visado, será necesario presentar un **certificado del centro** donde cursa sus estudios que acredite cumplir los requisitos necesarios para la continuidad de los mismos.

b. **Indica si es verdadero (V) o falso (F).**

- ☐ Los ciudadanos de la Unión Europea (UE) no necesitan visado para estudiar en España.
- ☐ Los ciudadanos de fuera de la UE no necesitan visado si vienen a estudiar a España cursos de menos de 3 meses.
- ☐ La tarjeta de residente como estudiante se solicita en el país de origen del estudiante.
- ☐ La tarjeta de residente como estudiante se necesita sólo para cursos de más de 3 meses.

c. **¿Dónde se puede obtener el visado para estudiar en España?**
....

d. **¿Qué estudiantes necesitan la "tarjeta de residente como estudiante"?**
....

e. **¿Qué documentos necesita un estudiante para renovar su estancia en España?**
....

f. **Relaciona las palabras del mismo significado. Haz una frase con cada una de ellas.**

a. Permanecer.　　❶ Pedir.
b. Solicitar.　　　❷ Demostrar.
c. Obtener.　　　❸ Estar.
d. Acreditar.　　　❹ Conseguir.

Gramática D

Repaso de los verbos en pasado

1 Completa los cuadros del Pretérito Indefinido.

	Regulares			Irregulares					
	Estudiar	Conocer	Subir	Andar	Tener	Estar	Ir/Ser	Dar	Saber
yo									
tú									
él, ella, usted									
nosotros, as									
vosotros, as									
ellos, ellas, ustedes									

2 Antes de empezar el curso, ¿qué han hecho?

a. Completa la explicación de Pedro con la 1ª persona singular del Pretérito Indefinido.

.... (estar) en Londres el verano pasado. La experiencia me .... (encantar). Aunque .... (pasar) poco tiempo, ... (aprender) bastante y, además, allí .... (conocer) a Elisabeth.

b. Completa la explicación de Elisabeth con la 1ª persona singular del Pretérito Perfecto.

Yo .... (estudiar) español en mi país durante cinco años, y ahora .... (venir) a Madrid para perfeccionarlo. .... (llegar) esta mañana y .... (ir) directamente a la academia de mi novio. Allí .... (pedir) la dirección de una residencia de estudiantes donde voy a quedarme.

c. Ahora completa la respuesta de Asun con el Pretérito Indefinido o con el Pretérito Perfecto.

Pues yo .... (suspender) el año pasado y ahora me .... (matricular) en la academia para repetir curso. Es que en junio no me .... (presentar) al examen de inglés porque me .... (ir) a Brasil por trabajo. Esta mañana .... (ver) a Laura y se lo .... (contar).

3 Observa el cuadro y completa las frases con el Pretérito Indefinido o el Pretérito Imperfecto.

> **Contraste Indefinido / Imperfecto**
>
> **Indefinido:** se refiere a un hecho pasado.
> **Imperfecto:** se refiere a una circunstancia de ese hecho pasado.
>
> Nos <u>conocimos</u> cuando <u>estábamos</u> en Londres.
> hecho pasado   circunstancia de tiempo
> <u>Aprendí</u> mucho porque las clases <u>eran</u> muy amenas.
> hecho pasado   circunstancia de causa

1. No .... (yo / poder) hacer el curso intensivo porque ya no .... plazas (haber).
2. .... (yo / empezar) a estudiar español cuando .... (tener) 8 años.
3. Como .... (ella / querer) practicar español, ... (ella / ir) de vacaciones a Cuba.
4. Ayer .... (nosotros / comprar) un periódico que .... (tener) muchos anuncios de cursos de idiomas.
5. Me .... (yo / matricular) en dos idiomas porque .... (yo / querer) ser intérprete profesional.

Gramática D
Expresar la duración. Verbos recíprocos

Escribe qué hacías el curso pasado.

Expresar acciones habituales en el pasado

Pretérito Imperfecto
El curso pasado <u>iba</u> a la academia todas las tardes de 7 a 9.

Imperfecto de SOLER + infinitivo
Cuando iba a la biblioteca, <u>solía escuchar</u> canciones o ver películas en español.

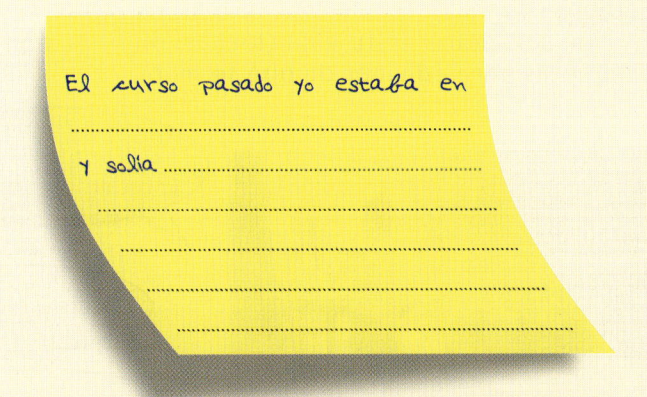

El curso pasado yo estaba en .... y solía ....

Transforma las frases en otras con el mismo significado. Utiliza las expresiones del cuadro.

Expresar la duración de una acción comenzada en el pasado

Llevar	un minuto, una hora, una semana, un mes, un año	+ gerundio	Llevo un año trabajando.
Desde hace		+ Presente	Trabajo desde hace un año.
Hace		+ que + Presente	Hace un año que trabajo.

1. Elisabeth lleva cinco años estudiando español.
2. Hace ya un año que estudio en esta academia.
3. Mis padres llevan varios años viviendo en este barrio.
4. Ya no estudia porque hace unas semanas que trabaja.
5. Elisabeth y Pedro son novios. Llevan saliendo dos meses.
6. Está estudiando para los exámenes desde hace dos semanas.

Completa el texto con los verbos del recuadro.

Verbos recíprocos

Sujeto plural	Pronombres	Verbos
nosotros, as	nos	conocimos, dimos la mano...
vosotros, as	os	conocisteis, disteis la mano...
ellos / ellas / ustedes	se	conocieron, dieron la mano...

se ayudaban
se conocieron
se dieron
se escriben
se hicieron
se veían
encontrarse
se llaman

Elisabeth es inglesa y Pedro, español. .... en Londres. Vivían en el mismo piso de estudiantes y en seguida .... amigos. .... todas las tardes para hablar y así .... el uno al otro para practicar el español o el inglés. El día que Pedro se volvía a Madrid .... sus direcciones de correo electrónico y sus números de teléfono. Desde entonces normalmente .... mensajes y .... casi todos los días. Hasta ahora, que han vuelto a .... en Madrid.

Expresión oral E
Charlar de los estudios y hábitos de aprendizaje

1 **Háblame de ti.**
Escribe seis datos de tu vida (fechas, objetos, nombre de personas, lugares...) y tus compañeros hacen preguntas para adivinar de qué se trata.

¿Llevas dos años estudiando alemán?

¿Naciste en 1970?

¿Tu primera profesora de español se llamaba Susana?

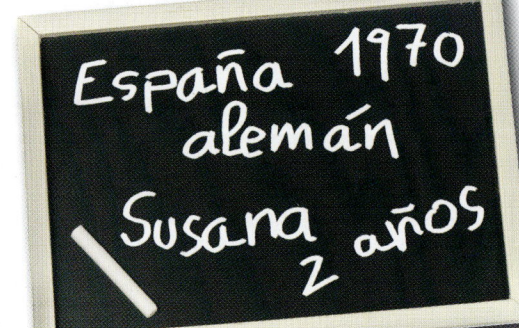

2 **¿Qué se puede hacer para aprender español mejor? Estrategias de aprendizaje.**

a. Hazle el test a tu compañero. Después lee las claves e indícale cómo estudia.

Revista cultural
El armadillo

¿Estás de acuerdo con estas afirmaciones?   Sí   No

1. Intentas hablar español fuera de clase, incluso con tus propios compañeros.
2. Escuchas canciones españolas o latinoamericanas.
3. Para ti es importante conocer aspectos de la cultura de países donde se habla español.
4. Si te equivocas al hablar, piensas que no pasa nada.
5. Es bueno leer libros en español sin buscar en el diccionario todas las palabras nuevas.
6. Te gusta ver películas en versión original si tienes la oportunidad.
7. Para aprender bien una lengua, hay que escuchar mucho.
8. Es tan importante estudiar como practicar el idioma.
9. Para aprender un idioma tienes que tener interés y trabajar mucho.

CLAVES
Si estás de acuerdo con...
2 ó 3 afirmaciones: no te desanimes, vas a mejorar con ECO.
4 ó 5: piensas que aprender español es divertido, pero hay que trabajar.
6 ó 7: vas muy bien, porque valoras el trabajo personal y practicas español cuando puedes.
8 ó 9: te gusta mucho aprender español y eres el estudiante que todo profesor quiere tener.

b. ¿Cómo se aprende mejor una lengua? ¿Qué estrategias son las mejores? ¿Por qué? Piensa tu opinión, arguméntala y discútela con toda la clase.

Expresión escrita F
La redacción

1 La importancia del aprendizaje del español.

a. Lee este artículo.

b. Clasifica los conectores en el cuadro.

El tema de este artículo es la importancia del español en el mundo. Para empezar, es importante saber que la lengua española es una de las primeras por el número de hablantes (más de 500 millones). En segundo lugar, es lengua oficial en 21 países. Además, es una de las lenguas más importantes en todos los organismos internacionales (ONU, UNESCO, etc.).

En cuanto a su difusión, es una de las lenguas con más futuro: hay miles de publicaciones periódicas en español o de emisoras de radio y cientos de canales de televisión. Sin embargo, aunque su presencia en Internet ocupa el segundo lugar, las diferencias con el inglés son todavía muy grandes.

En conclusión, es muy importante conocer el español si queremos comunicarnos con el mayor número de personas en el mundo, pues esta lengua llega a todos los rincones del planeta.

CONECTORES	
Anuncian el tema	Quiero contar ....
Introducen la primera información	En primer lugar Por un lado ....
Continúan con otra información	Además Por otro lado En tercer lugar ....
Dan una nueva información	Respecto a ....
Introducen una idea opuesta a lo dicho antes	Pero ....
Concluyen / Finalizan	Por último Para terminar Para concluir ....

2 Gemma Clair ha rellenado este formulario sobre su experiencia en una escuela en España.

a. Lee el formulario.

CUESTIONARIO DE FIN DE CURSO

1. DATOS PERSONALES DEL ESTUDIANTE
Gemma Clair Slaymaker.

2. ALOJAMIENTO
¿Cómo encontraste tu alojamiento? ¿Cuál es?
En ECO academia me dieron varias direcciones de apartamentos y de familias que ofrecían habitaciones. Durante la semana visité varios sitios y al final me quedé en un piso compartido con otros estudiantes.

¿Qué tipo de alojamiento recomiendas?
Como estudiante extranjera recomiendo vivir con otros estudiantes españoles o con una familia española. Así conoces mejor la cultura, la lengua y el estilo de vida del país.

3. LA ACADEMIA
¿Cómo es el acceso a las bibliotecas, a los ordenadores y otros servicios?
La biblioteca era fantástica, muy moderna y con muchos ordenadores, aunque el acceso a Internet era un poco lento.

¿Puedes describir las clases?
Los profesores hicieron las clases muy divertidas e interesantes y nos motivaron para perfeccionar nuestro español hablando mucho en clase y fuera de ella. Hicimos un examen al final del curso para saber qué nivel teníamos en caso de querer continuar.

4. EL ENTORNO
¿Has tenido contacto con estudiantes españoles? ¿Cómo has contactado con ellos?
He estado poco tiempo, pero ha sido fácil hacer buenos amigos, sobre todo con los españoles que vivían conmigo en el piso de estudiantes.

¿Cuáles son las diferencias más grandes entre la vida en España y la vida en tu país?
La principal diferencia es el buen tiempo que hace en España. Pero lo que más me llamó la atención fue la vida nocturna tan animada. Por otro lado, el horario de comidas es diferente al del Reino Unido, pero me gusta más la comida en España, tiene un gusto mediterráneo y es más saludable.

b. Imagina que eres Gemma y transforma el formulario en una redacción. Utiliza los conectores.

Mundo hispano
El sistema educativo en España

1 Lee el texto y completa el esquema.

El sistema educativo español estructura las enseñanzas no universitarias en Educación Infantil, Educación Primaria, Educación Secundaria Obligatoria (ESO), Bachillerato y Ciclos Formativos de Grado Medio y de Grado Superior. Tanto el Bachillerato como los Ciclos Formativos se consideran "Enseñanzas Postobligatorias".

El alumno que termina la ESO tiene tres opciones: Bachillerato, Ciclos Formativos de Grado Medio o acceder directamente al mundo laboral.

El Bachillerato comprende dos cursos académicos y el título de Bachiller permite acceder a los Ciclos Formativos de Grado Superior y a los estudios universitarios.

Hay tres niveles de titulaciones universitarias oficiales:

1. Titulaciones de Primer Ciclo, con una duración de tres cursos académicos y que conducen a la obtención del título de Diplomado, Arquitecto o Ingeniero Técnico.
2. Titulaciones de Primer y Segundo Ciclo, con una duración de 4, 5 ó 6 años, conducentes a la obtención del título de Licenciado, Arquitecto o Ingeniero.
3. Titulaciones de Tercer Ciclo, o Doctorado. Al finalizar, y una vez aprobada la tesis doctoral, se obtiene el grado de Doctor. La finalidad de este ciclo es formar investigadores y profesores universitarios.

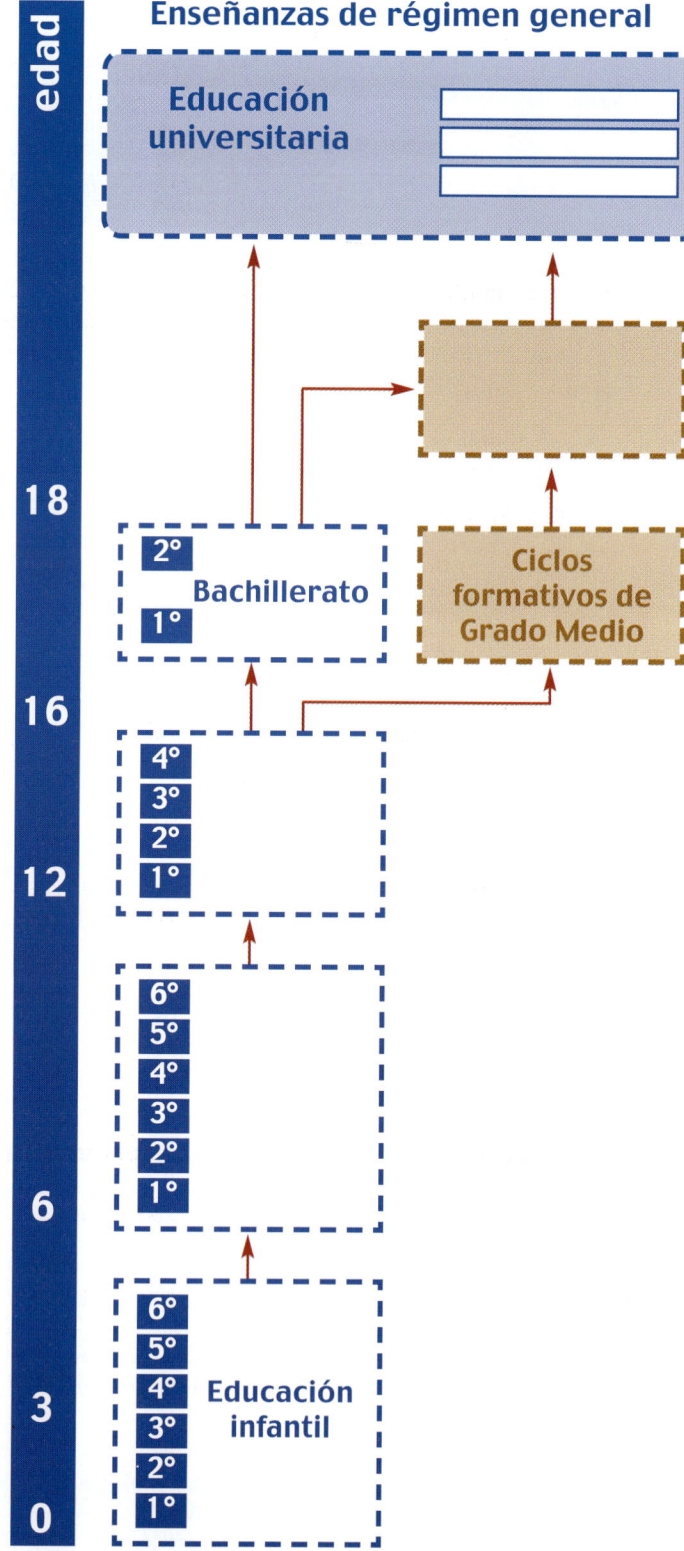

2 Explica las diferencias entre el sistema educativo español y el de tu país.

Ya conoces

A B C D E F

a. Las expresiones para hablar de ti y las actividades de aprendizaje:

se	me te le nos os les	da(n)	muy bien bien regular mal fatal	sustantivo
				infinitivo

a. Las actividades de aprendizaje: adivinar el significado, aprender, asociar, buscar en el diccionario, *chatear*, conocer la cultura, corregir, describir una palabra, escribir, escuchar canciones, explicar, hacer frases, hablar con..., hacer gestos, leer libros, revistas y periódicos en español, practicar, recordar, relacionar, repetir, usar otra palabra parecida, ver películas, etc.

b. Las actividades de clase: asistir a clase, elegir un horario, hacer los deberes, matricularse en un curso, presentarse a un examen, sacar buenas / malas notas, tomar apuntes, etc.

c. Las notas: sobresaliente, notable, aprobado y suspenso.

a. Usos de los tiempos del pasado:

Contraste Indefinido / Imperfecto

Indefinido: se refiere a un hecho pasado.
Imperfecto: se refiere a una circunstancia de ese hecho pasado.

Nos <u>conocimos</u> cuando <u>estábamos</u> en Londres.
hecho pasado   circunstancia de tiempo
<u>Aprendí</u> mucho porque las clases <u>eran</u> muy amenas.
hecho pasado   circunstancia de causa

Expresar acciones habituales en el pasado

Pretérito Imperfecto
El curso pasado <u>iba</u> a la academia todas las tardes de 7 a 9.

Imperfecto de SOLER + infinitivo
Cuando iba a la biblioteca, <u>solía escuchar</u> canciones o ver películas en español.

b. Las construcciones para expresar duración:

Expresar la duración de una acción comenzada en el pasado			
Llevar	un minuto, una hora,	**+ gerundio**	*Llevo un año trabajando.*
Desde hace	una semana, un mes,	**+ Presente**	*Trabajo desde hace un año.*
Hace	un año	**+ que + Presente**	*Hace un año que trabajo.*

c. Los verbos recíprocos:

Verbos recíprocos		
Sujeto plural	Pronombres	Verbos
nosotros, as	nos	conocimos, dimos la mano...
vosotros, as	os	conocisteis, disteis la mano...
ellos / ellas / ustedes	se	conocieron, dieron la mano...

2 Ofertas de última hora

1 Se acercan las vacaciones, hay que buscar las ofertas turísticas.

a. Lee estas ofertas de una agencia de viajes y escucha el diálogo.

Ecuador e Islas Galápagos
7 días desde 2.136 €

Quito, *la capital, declarada Patrimonio de la Humanidad, la Mitad del Mundo, línea Ecuatorial (latitud 0) y, por supuesto, las Islas Galápagos, último rincón de vida natural.*

DÍA 1: GUAYAQUIL
Salida en avión a Guayaquil. Día libre.

DÍA 2: GUAYAQUIL/GALÁPAGOS
Salida en avión a Puerto Baquerizo, capital de las Islas Galápagos. Visita a Cerro Brujo, primera isla que pisó Charles Darwin.

DÍA 3: GALÁPAGOS
Visita a la Isla Bartolomé. Excursión a pie: la subida es fuerte, pero la panorámica es excelente. Tiempo para bucear o disfrutar de la playa.

DÍA 4: GALÁPAGOS
Visita a la Isla Seymour Norte, una caminata corta por la costa observando lobos marinos.

DÍA 5: GALÁPAGOS/QUITO
Visita a Puerto Ayora (Isla de Santa Cruz), con sus tortugas gigantes. Continuación por carretera hacia Baltra para tomar el vuelo de regreso a Quito.

DÍA 6: QUITO
Mañana libre. Por la tarde, visita a Quito, con el Monasterio de San Agustín, el Palacio de Gobierno, el Palacio Arzobispal, la Iglesia de La Compañía y la Iglesia de San Francisco.

DÍA 7: QUITO/OTAVALO/QUITO
Salida hacia Otavalo para visitar uno de los mercados indígenas más famosos de América del Sur. Por la tarde regreso a Quito y tiempo libre hasta la salida del avión.

Nuestros Servicios
- Pensión completa
- Visitas y traslados en servicio regular
- Seguro de viaje

Hoteles ★★★★ / ★★★★★

Perú mágico
7 días desde 1.845 €

Lima, *la capital, la encantadora ciudad colonial de Cuzco y el Machu Picchu, símbolo magnífico de la civilización Inca.*

DÍA 1: LIMA
Salida en avión a Lima. Llegada y alojamiento.

DÍA 2: LIMA/CUZCO
Salida en avión a Cuzco (a 3.360 m. de altitud) llamada la "capital arqueológica de América".

DÍA 3: VALLE DE URUBAMBA
Visita al famoso "Valle Sagrado de los Incas". Es día de mercado en Pisac, toda una fiesta para los sentidos.

DÍA 4: MACHU PICCHU
Viaje en tren por el Valle de Urubamba, y después 30 min. en autobús hasta la impresionante "Ciudad perdida de los Incas", Machu Picchu. Visita guiada.

DÍA 5: CUZCO
Día libre para que puedan disfrutar de la ciudad. Posibilidad de paseo en bicicleta.

DÍA 6: CUZCO/LIMA
Salida en avión a Lima. Por la tarde, recorrido por los lugares de mayor interés de la ciudad: la Catedral, la Plaza Mayor, el Palacio de Gobierno, el Arzobispado y el Palacio de Torre Tagle.

DÍA 7: LIMA
Desayuno. Tiempo libre hasta la salida en avión de regreso.

Nuestros Servicios
- Alojamiento y desayuno
- Visitas y traslados en servicios privados con guías locales de habla castellana
- Seguro de viaje

Hoteles ★★★ / ★★★★

b. ¿Qué circuito prefiere cada personaje? ¿Por qué? Contesta y relaciona.

1. Los hoteles son mejores.
2. Le han gustado las fotos del catálogo.
3. Hay grandes playas.
4. Incluye un viaje en tren.
5. Hay ruinas importantes.
6. Quiere ver animales.
7. Le gusta el contacto con la gente.
8. Le gusta el contacto con la naturaleza.
9. Hay un mercado de artesanía.
10. Le gusta la montaña.

Él prefiere ....

 *Ella prefiere ....*

c. ¿Dónde deciden ir finalmente? ¿Por qué?

Comprensión y práctica A
Preparando las vacaciones

¿Qué actividades se pueden hacer en estos dos viajes a Perú e islas Galápagos?

a. Relaciona.

1. Pasear en bicicleta.
2. Bucear.
3. Hacer excursiones a pie.
4. Ver leones marinos.
5. Visitar mercados.
6. Recorrer lugares arqueológicos.

b. Señala qué circuito…

1. Es más barato: _____
2. Tiene mejores hoteles: _____
3. Incluye más actividades culturales: _____
4. Incluye más actividades deportivas: _____

c. Resume las ventajas de cada circuito.

Perú	Islas Galápagos

Los deseos.
Escucha y completa las frases.

1. ………………………… lleguen ya las vacaciones.

2. ………………………… que vayamos al Machu Picchu.

3. ………………………… que vivamos con la gente.

4. ………………………… que haya plazas todavía.

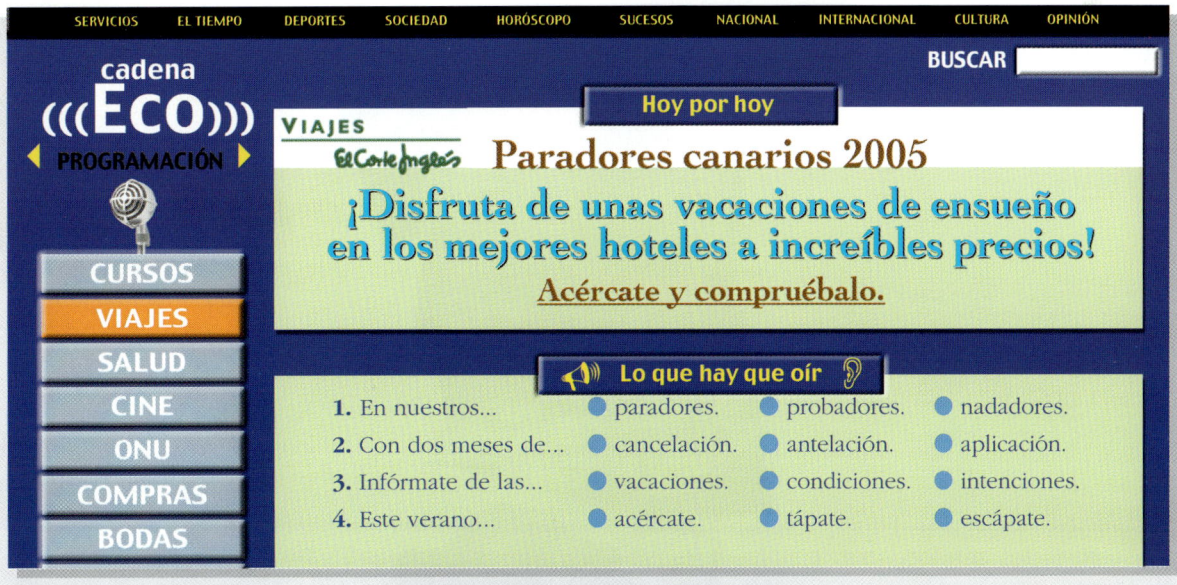

a. Marca lo que escuchas en "Lo que hay que oír".

b. Contesta a las siguientes preguntas.
{ ¿Qué descuento tiene esta oferta? …………………………
¿Con cuánto tiempo de antelación hay que hacer la reserva? …………………
¿Cómo se llama el folleto? …………………………

Léxico B
Los viajes

1 En una agencia de viajes.
Relaciona las palabras o expresiones con su definición.

- a. CHÁRTER
- b. PAQUETE DE VIAJE
- c. CIRCUITO TURÍSTICO
- d. OFERTA
- e. FOLLETO
- f. CHEQUE DE VIAJE
- g. GUÍA
- h. MEDIA PENSIÓN
- i. PENSIÓN COMPLETA
- j. TUROPERADOR
- k. TRASLADO

1. Agencia que produce y vende una gran cantidad de viajes con todo incluido en la oferta.
2. Catálogo de viajes y precios.
3. Documento de un banco que permite cambiarlo por dinero en otro país o servir de medio de pago.
4. Itinerario turístico, generalmente en autocar, que tiene como punto final de destino el mismo que el origen.
5. Persona que acompaña a los turistas para informarles en sus visitas.
6. Transporte de personas del aeropuerto al hotel.
7. Servicio de hotel que comprende el alojamiento, el desayuno y una comida.
8. Servicio de hotel que incluye el alojamiento y las tres comidas.
9. Precios rebajados.
10. Viaje que incluye todo (transporte, alojamiento y otros servicios) preparado por la agencia y pedido por el cliente.
11. Vuelo de avión fuera de las líneas regulares.

2 Accidentes geográficos.
Relaciona las frases con las imágenes.

El **lago** Titicaca es la frontera natural entre Bolivia y Perú. Está a 3.800 metros sobre el nivel del mar.

El **río** Amazonas cruza varios países: Perú, Colombia y Brasil. Es el más caudaloso del mundo.

El **desierto** de Atacama está en Chile y es el lugar más seco del mundo: 1.571 años sin llover.

La **catarata** más alta del mundo está en Venezuela y se llama El Salto del Ángel (979 metros).

La **cordillera** de los Andes es la más larga del mundo, con 7.200 km.

El **mar** Caribe, que baña las costas de Centroamérica, es el segundo más profundo del mundo, con más de 7.000 metros de profundidad.

Comprensión lectora C
Intercambio de casas y apartamentos

Una nueva forma de viajar. Infórmate.

a. **Lee el texto.**

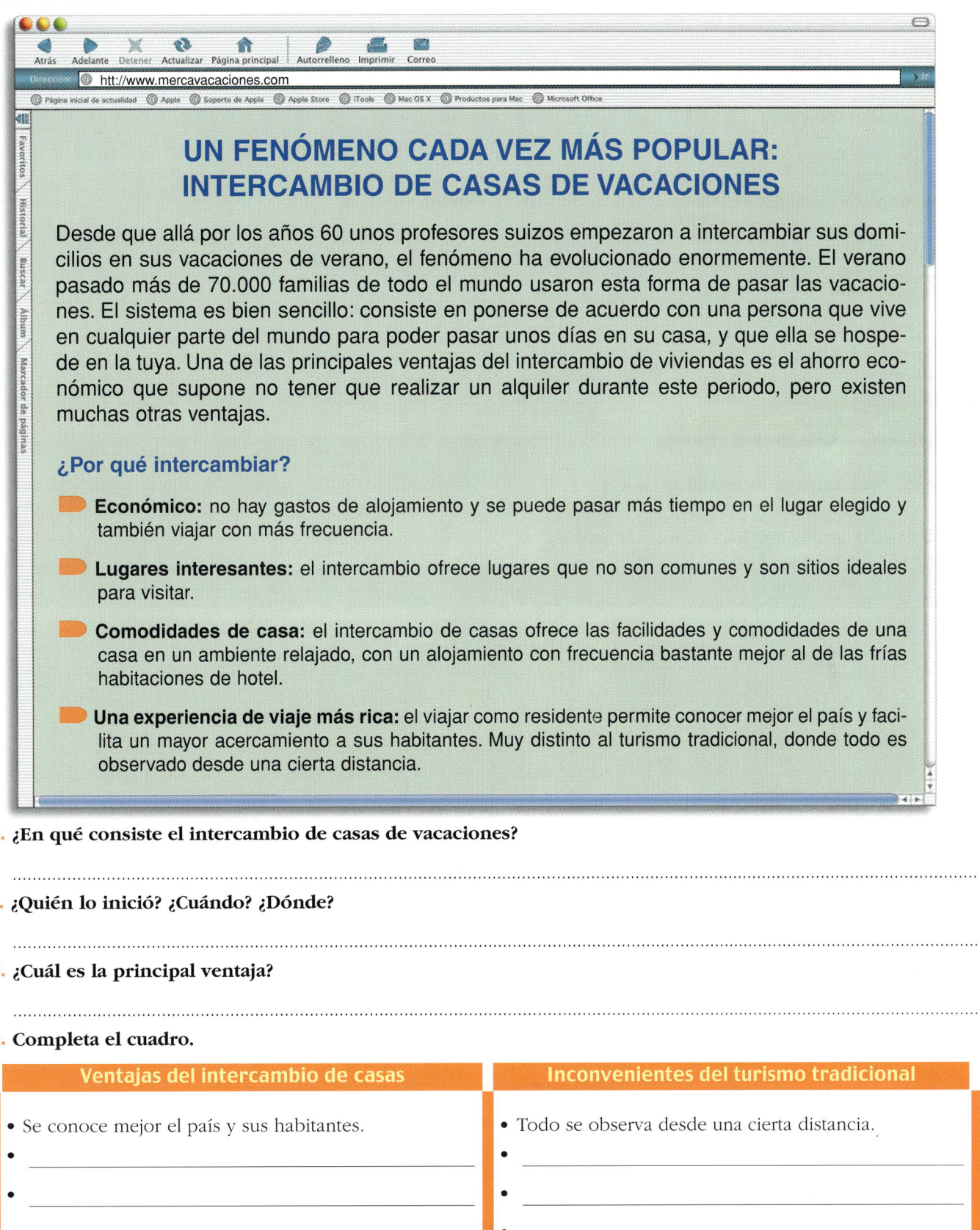

UN FENÓMENO CADA VEZ MÁS POPULAR: INTERCAMBIO DE CASAS DE VACACIONES

Desde que allá por los años 60 unos profesores suizos empezaron a intercambiar sus domicilios en sus vacaciones de verano, el fenómeno ha evolucionado enormemente. El verano pasado más de 70.000 familias de todo el mundo usaron esta forma de pasar las vacaciones. El sistema es bien sencillo: consiste en ponerse de acuerdo con una persona que vive en cualquier parte del mundo para poder pasar unos días en su casa, y que ella se hospede en la tuya. Una de las principales ventajas del intercambio de viviendas es el ahorro económico que supone no tener que realizar un alquiler durante este periodo, pero existen muchas otras ventajas.

¿Por qué intercambiar?

- **Económico:** no hay gastos de alojamiento y se puede pasar más tiempo en el lugar elegido y también viajar con más frecuencia.
- **Lugares interesantes:** el intercambio ofrece lugares que no son comunes y son sitios ideales para visitar.
- **Comodidades de casa:** el intercambio de casas ofrece las facilidades y comodidades de una casa en un ambiente relajado, con un alojamiento con frecuencia bastante mejor al de las frías habitaciones de hotel.
- **Una experiencia de viaje más rica:** el viajar como residente permite conocer mejor el país y facilita un mayor acercamiento a sus habitantes. Muy distinto al turismo tradicional, donde todo es observado desde una cierta distancia.

b. **¿En qué consiste el intercambio de casas de vacaciones?**

....

c. **¿Quién lo inició? ¿Cuándo? ¿Dónde?**

....

d. **¿Cuál es la principal ventaja?**

....

e. **Completa el cuadro.**

Ventajas del intercambio de casas	Inconvenientes del turismo tradicional
• Se conoce mejor el país y sus habitantes.	• Todo se observa desde una cierta distancia.
• _____	• _____
• _____	• _____
• _____	• _____

Gramática D
Presente de Subjuntivo. Expresar deseos y esperanzas

1

a. Observa y completa el cuadro del Presente de Subjuntivo regular.

						Hablar	Beber	Vivir
-e		-a		yo				
-es		-as		tú				
-e		-a		él, ella, usted				
-emos		-amos		nosotros, as				
-éis		-áis		vosotros, as				
-en		-an		ellos, ellas, ustedes				

b. Completa el cuadro del Presente de Subjuntivo irregular.

Haber	Saber	Ver	Ir	Ser	Dar
haya					
	sepas				
		vea			
			vayamos		
				seáis	
					den

c. Observa y completa el cuadro.

Subjuntivos terminados en -GA

Cuando la primera persona del presente de Indicativo termina en -go, esta irregularidad aparece en todas las personas del Presente de Subjuntivo.

Decir	Hacer	Oír	Salir

tengo	tenga
tienes	tengas
tiene	tenga
tenemos	tengamos
tenéis	tengáis
tienen	tengan

Caer	Traer	Valer	Venir

2

a. Observa y transforma las frases según el modelo.

Expresar deseos y esperanzas	
querer, esperar, desear + infinitivo (Cuando el sujeto de los dos verbos es el mismo.)	**querer, esperar, desear** que + P. de Subjuntivo (Cuando los sujetos de los dos verbos no son los mismos.)
Deseamos irnos de vacaciones.	*Deseamos que os vayáis de vacaciones.*

1. Quiero ir al Machu Picchu.   *Quiero que vayamos al Machu Picchu.*
2. Quiero conocer la cultura peruana.
3. Espero llegar a tiempo.
4. Deseo tener unas tranquilas vacaciones.
5. Quiero pedir una habitación con vistas.
6. Espero tener los cheques de viaje hoy.
7. Espero divertirme como el año pasado.

Gramática D

OJALÁ. Ofrecer ayuda

b. Transforma las frases según el modelo.

> Para expresar deseos y esperanzas también se usa la expresión
> **OJALÁ (que) + Presente de Subjuntivo**

1. Llegar pronto las vacaciones. — *Ojalá lleguen pronto las vacaciones.*
2. Haber plazas todavía. ....
3. Venir el verano. ....
4. Empezar el buen tiempo. ....
5. Salir el sol. ....
6. No caer la noche. ....

c. El Subjuntivo se utiliza para expresar buenos deseos. Transforma las frases como en el modelo.

1. ¡Buen viaje!
   ¡Que tengas un buen viaje!

4. ¡A descansar!
   ....

2. ¡Buen provecho!
   ....

5. ¡A pasarlo bien!
   ....

3. ¡Suerte!
   ....

6. ¡A mejorarse!
   ....

a. Escucha los diálogos, completa las frases y relaciónalas con las respuestas.

a. ¿Desea que le .... a subirlo?
b. ¿Quieres que te .... el texto al ordenador?
c. Mamá, ¿quieres que .... yo a por el pan?
d. ¿Desean ustedes que les ...... algo para beber?

1. Sí, por favor. Tenemos mucha sed.
2. No, gracias. Ya puedo yo.
3. No, no, ya voy yo.
4. Sí, por favor, que no tengo tiempo.

b. Observa y escribe un diálogo según la situación.

> **Ofrecer ayuda o un servicio**
> **¿Querer / desear que + Presente de Subjuntivo?**
> *¿Quieres que te acompañe?*

Expresión oral E
Preparar un viaje

1 Juego de los viajes.
Tira el dado y haz con tu compañero el diálogo del cuadro donde has caído. Ganará la primera pareja en llegar a la meta.

2 En grupos: vamos a preparar un viaje.

a. Primero decidimos, con un calendario, qué días convienen a todo el grupo: un fin de semana, un puente de tres o cuatro días, en Navidad, en Semana Santa, en verano...

b. Después, cada uno propone el tipo de viaje que quiere hacer:
- cultural (monumentos, museos...),
- de aventura (deportes, excursiones...),
- de descanso (playa, balneario...),
- para conocer paisajes y animales exóticos (parques naturales, selvas, reservas...),
- etc.

c. Una vez elegido el tipo de viaje, sobre el mapa de un país de habla hispana, buscamos un lugar adonde ir: un circuito de varias ciudades, una zona con ruinas arqueológicas, un parque natural, una playa...

d. Por último, decidimos cómo organizar el viaje:
1. Si lo organizamos a través de una agencia de viajes, miramos los catálogos de viajes que tendrá el profesor, buscamos las ofertas más interesantes y decidimos con cuál nos quedamos. Si tenemos acceso a Internet, podemos buscar más ofertas.
2. Si organizamos el viaje por nuestra cuenta, tenemos que decidir el medio de transporte (coche propio o de alquiler, tren, avión, autobús...), el alojamiento (hotel, camping, balneario...), el material que necesitamos (tipo de ropa, equipamiento deportivo...), etc.

Expresión escrita F
El reportaje

El reportaje es un texto que informa sobre un tema de manera detallada. En él se mezclan datos objetivos y opiniones personales.

a. Lee este reportaje.

Título y subtítulo llamativo:

Entrada: breve resumen que sirve para ganar el interés del lector.

Desarrollo: información sobre el tema, donde se explican los datos más interesantes, incluyendo descripción de paisajes y personas.

Conclusión: final del reportaje, donde el autor expone una opinión final.

LAS ISLAS GALÁPAGOS
Último rincón de vida natural

Caminar por las islas que estudió Charles Darwin, bucear en sus aguas u observar lobos marinos son algunas de las cosas que ofrecen las Islas Galápagos, un lugar maravilloso para unas fantásticas vacaciones.

En los últimos años, Ecuador y las Islas Galápagos se han convertido en uno de los destinos preferidos por los turistas de todo el mundo. Isla Bartolomé, Isla Seymour, Puerto Ayora atraen cada año a miles de personas que buscan sol, hoteles de lujo y aventuras en una zona de vida natural.

Puerto Baquerizo, capital de las islas, es el punto de partida de maravillosas excursiones, como por ejemplo la visita a Cerro Brujo, primera isla que pisó Charles Darwin. Pero la mayoría de los turistas prefieren hacer circuitos en barco a través de varias islas: Isla Bartolomé, Isla Seymour o Puerto Ayora (en la Isla de Santa Cruz). La belleza de estos paisajes, las excursiones a pie para ver excelentes panorámicas o la observación de lobos marinos y tortugas gigantes son algunas de las experiencias que el viajero nunca olvidará. Pero no todo son paisajes y caminatas en las Islas Galápagos. Sus habitantes cuidan las maravillosas playas y ofrecen extraordinarios servicios hoteleros esperando que el turista descanse y se divierta.

Al final de las vacaciones, el viajero vuelve a su lugar de origen pensando que ojalá regrese algún día a estas islas. Pero mientras tanto, se llevará con él en su mente el color, la luz y la vida de esta tierra inolvidable.

b. Haz un reportaje a partir del circuito "Perú mágico" de la página 16.

....
....
....
....
....
....
....

Mundo hispano
Parques Nacionales

1 Lee el siguiente texto, observa el mapa y responde a las preguntas.

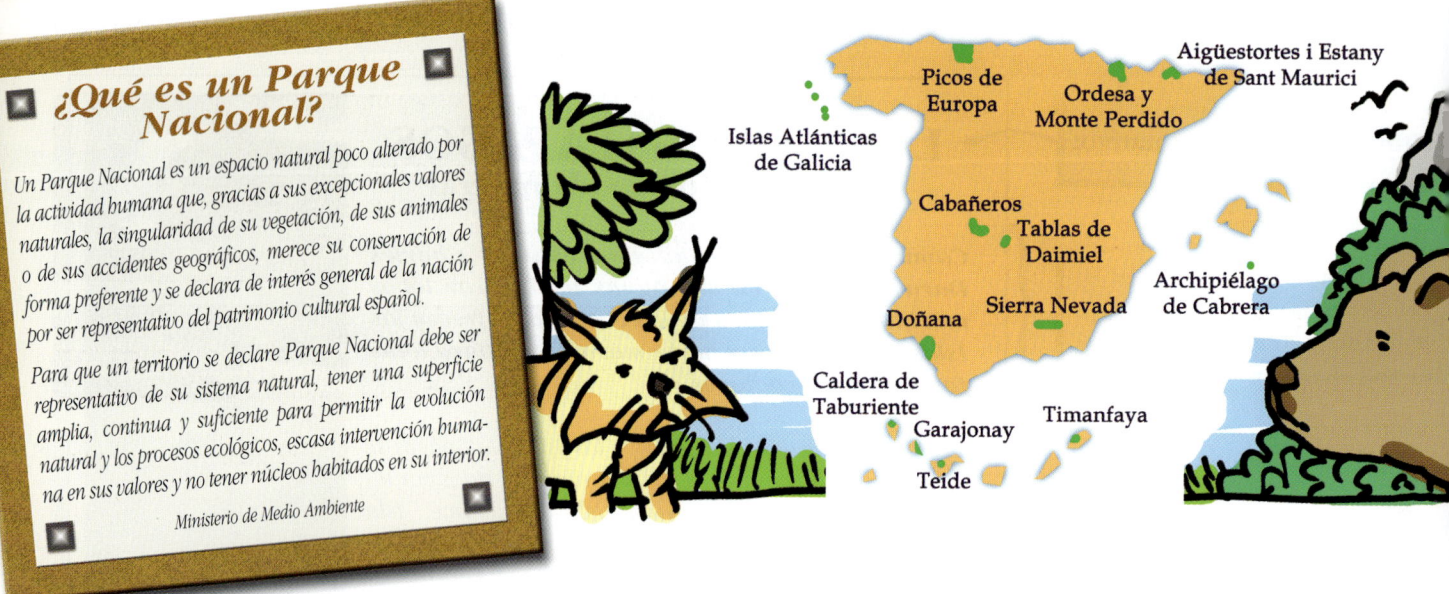

¿Qué es un Parque Nacional?

Un Parque Nacional es un espacio natural poco alterado por la actividad humana que, gracias a sus excepcionales valores naturales, la singularidad de su vegetación, de sus animales o de sus accidentes geográficos, merece su conservación de forma preferente y se declara de interés general de la nación por ser representativo del patrimonio cultural español.

Para que un territorio se declare Parque Nacional debe ser representativo de su sistema natural, tener una superficie amplia, continua y suficiente para permitir la evolución natural y los procesos ecológicos, escasa intervención humana en sus valores y no tener núcleos habitados en su interior.

Ministerio de Medio Ambiente

a. Según el texto, ¿qué es un Parque Nacional?
- Un espacio con muchos accidentes geográficos.
- Una zona interesante por su cultura.
- Un territorio de gran valor natural.

b. Según el texto, ¿cómo tiene que ser un territorio para ser declarado Parque Nacional?
- Muy extenso y continuo.
- Que no haya ningún tipo de intervención humana.
- Habitado.

c. ¿Hay algún Parque Nacional en tu país? ¿Qué Parque te gustaría visitar en España?

2 Lee el texto y responde a las preguntas.

EL CORREDOR DE LA VIDA

Se extiende desde la Selva de Chiapas (México) hasta los espesos bosques de Darién, que abarcan, de un extremo a otro, la frontera entre Panamá y Colombia. De arriba hacia abajo, el Corredor Biológico Mesoamericano transcurre por cinco estados del sur de México y los siete países centroamericanos. Es el gran proyecto conservacionista del planeta: proteger pueblos y naturaleza en 768.543 km² de ocho países. Naturaleza sin fronteras.

Un sinfín de espacios naturales y ecosistemas que concentran el 10% de la biodiversidad mundial: bosques, playas, ríos, volcanes, más de mil especies de aves, 273 mamíferos, cerca de 20.000 plantas y 40 millones de personas.

El País Semanal

a. ¿Cuáles son los siete países centroamericanos?

b. ¿Para qué se creó el Corredor Biológico Mesoamericano?

c. ¿Qué accidentes geográficos se citan en el texto?

Ya conoces

1

a. Las expresiones para hablar de deseos y esperanzas:

| Querer / esperar / desear | + infinitivo |
| | que + Subjuntivo |

| *Ojalá* **(que)** + | Subjuntivo |

b. Para expresar buenos deseos:

¡Buen viaje!	¡Que tengas buen viaje!
¡Buen provecho!	¡Que aproveche!
¡Felices vacaciones!	¡Que pases unas felices vacaciones!
¡A mejorarse!	¡Que te mejores!

c. Para ofrecer, aceptar y rechazar ayuda:

Ofrecer	Aceptar	Rehusar
¿Quieres que... ?	Sí, por favor,...	No gracias, ya...

2

a. Los servicios turísticos: el chárter, el cheque de viaje, el circuito turístico, el folleto, el/la guía, la media pensión, la oferta, el paquete de viaje, la pensión completa, el traslado, el turoperador, etc.

b. Los accidentes geográficos: la catarata, la cordillera, el desierto, el lago, el mar, el río, etc.

3

a. Los verbos en Presente de Subjuntivo:

Verbos regulares	Hablar	Beber	Vivir
yo	hable	beba	viva
tú	hables	bebas	vivas
él, ella, usted	hable	beba	viva
nosotros, as	hablemos	bebamos	vivamos
vosotros, as	habléis	bebáis	viváis
ellos, ellas, ustedes	hablen	beban	vivan

Verbos irregulares	Haber	Saber	Ver	Ir	Ser	Dar
yo	haya	sepa	vea	vaya	sea	dé
tú	hayas	sepas	veas	vayas	seas	des
él, ella, usted	haya	sepa	vea	vaya	sea	dé
nosotros, as	hayamos	sepamos	veamos	vayamos	seamos	demos
vosotros, as	hayáis	sepáis	veáis	vayáis	seáis	deis
ellos, ellas, ustedes	hayan	sepan	vean	vayan	sean	den

Subjuntivos terminados en -GA									
Tener	**Decir**	**Hacer**	**Oír**	**Salir**	**Caer**	**Traer**	**Valer**	**Venir**
tenga	diga	haga	oiga	salga	caiga	traiga	valga	venga
tengas	digas	hagas	oigas	salgas	caigas	traigas	valgas	vengas
tenga	diga	haga	oiga	salga	caiga	traiga	valga	venga
tengamos	digamos	hagamos	oigamos	salgamos	caigamos	traigamos	valgamos	vengamos
tengáis	digáis	hagáis	oigáis	salgáis	caigáis	traigáis	valgáis	vengáis
tengan	digan	hagan	oigan	salgan	caigan	traigan	valgan	vengan

b. El uso del Subjuntivo:

Expresar deseos y esperanzas	
***querer, esperar, desear* + infinitivo** (Cuando el sujeto de los dos verbos es el mismo.)	***querer, esperar, desear* + que + P. de Subjuntivo** (Cuando los sujetos de los dos verbos no son los mismos.)
Quiero (yo) vivir (yo) con la gente. *Deseamos irnos de vacaciones.*	*Quiero (yo) que vivamos (nosotros) con la gente.* *Deseamos que os vayáis de vacaciones.*

3 Tienes que ir al médico

1 ¿Qué le pasa a Chantal?

a. Escucha el diálogo y marca las respuestas correctas.

- ☐ Le duele la cabeza.
- ☐ No tiene hambre.
- ☐ Le duele el estómago.
- ☐ Le duele la boca.
- ☐ Tiene mareos.
- ☐ No se encuentra bien.
- ☐ Tiene vómitos.
- ☐ No le gusta comer.

b. ¿Qué especialidades médicas se mencionan en el diálogo?

CATÁLOGO DE MÉDICOS — Centro Médico

ESPECIALIDAD	NOMBRE DOCTOR / A	DÍA DE ATENCIÓN	HORARIO
Neumología	Dra. Dolores García Jalón	Lunes, miércoles y viernes	9:00 a 15:00
Traumatología	Dr. Rodrigo Lerma Blanco	Lunes a jueves	9:00 a 11:30
Dermatología	Dr. Ramiro Bonilla Cruces	Lunes a viernes	15:00 a 19:00
Ginecología	Dr. Carlos Barroso Moreno	Previa cita	
Cardiología	Dra. Vicenta Dávalos Sanz	Lunes a viernes y sábados	9:00 a 12:00
Digestivo	Dr. Fernando Chávez Gil	Lunes, miércoles y viernes	9:00 a 11:30
Urología	Dr. Carlos Paredes Molina	Lunes, martes y miércoles	9:00 a 16:30
Médico familiar	Dra. Liliana Tobón Salar	Lunes a viernes	19:00 a 22:30

2 ¿Adónde van finalmente los protagonistas?

a. ¿A una consulta privada?

　▶ Sí.　　▶ No.

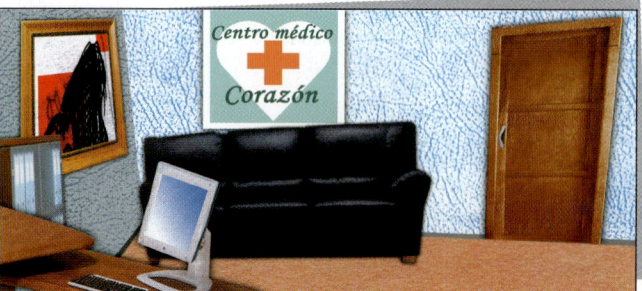

¿Por qué? ....
....
....

b. ¿A un hospital?

　▶ Sí.　　▶ No.

¿Por qué? ....
....

Comprensión y práctica A
En una consulta médica

Marca la respuesta correcta.

a. ¿Qué tipo de asistencia sanitaria tiene Chantal?

- ▢ Un seguro médico privado.
- ▢ Una tarjeta sanitaria europea.
- ▢ No tiene seguro.

b. ¿Cómo piensa abonar la consulta?

- ▢ Ya está pagada.
- ▢ Con dinero personal.
- ▢ Enviando la factura a su país.

¿A qué médico vas en estos casos? Relaciona.

a. Te duele el estómago.
b. Te han salido unas manchas en la piel.
c. Te falla el corazón.
d. Te sientes mal pero no sabes qué te pasa.

❶ Cardiólogo.
❷ Especialista en aparato digestivo.
❸ Especialista en medicina general.
❹ Dermatólogo.

Y tú, ¿qué tipo de asistencia médica tienes? ¿Cómo funciona?

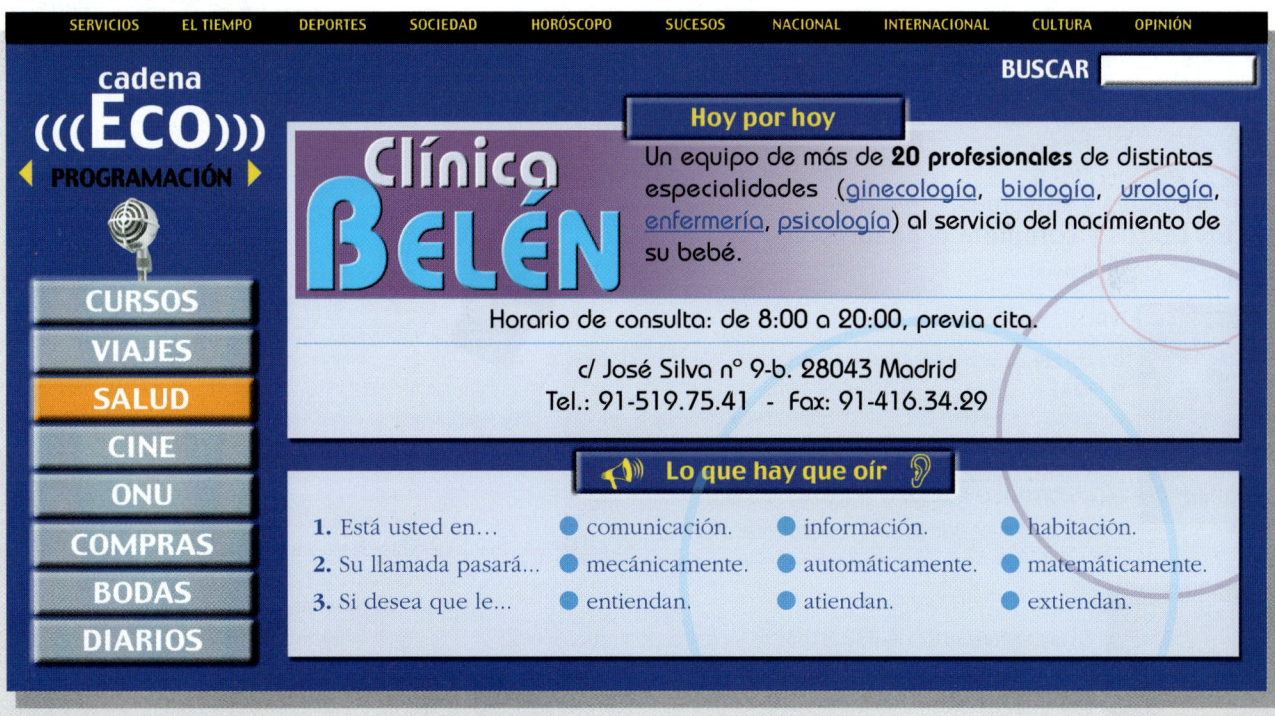

a. Marca lo que escuchas en "Lo que hay que oír".

b. ¿Qué hay que hacer para...? Relaciona.

❶ Hablar con una habitación.
❷ Hablar con la centralita.
❸ Pedir cita para una consulta.

a. Llamar en el horario de atención.
b. Marcar el número en el teléfono.
c. Esperar.

c. ¿Cuál es el horario de atención? ....

Léxico B

El cuerpo humano. La salud

1 El cuerpo humano.
Relaciona las imágenes con las partes y los órganos del cuerpo humano.

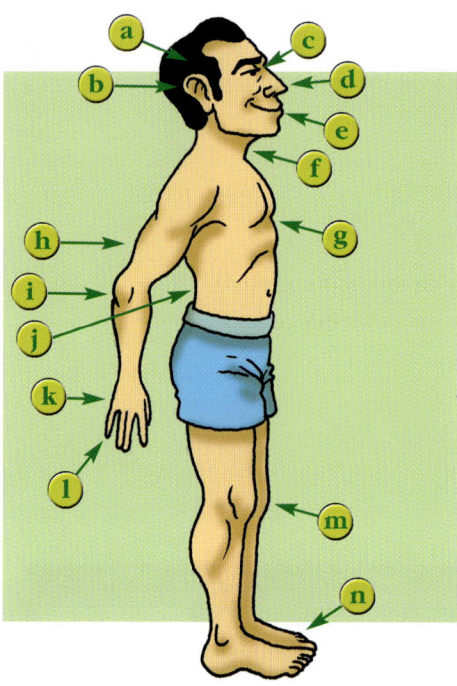

- la cabeza
- el brazo
- el hígado
- la mano
- el pie
- la oreja
- el corazón
- el cuello
- el ojo
- la espalda
- el riñón
- el estómago
- el dedo
- los dientes
- el codo
- el intestino grueso
- la tráquea
- la rodilla
- el pecho
- la médula espinal
- el intestino delgado
- los labios
- el pulmón
- la nariz
- la laringe

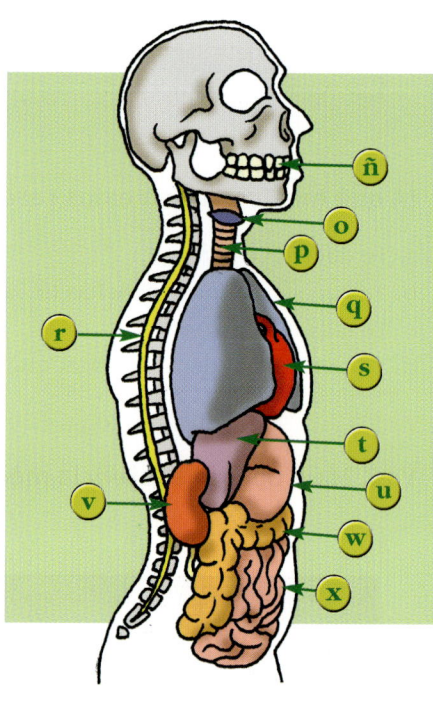

2 Enfermedades y síntomas.
Lee los textos y completa el cuadro.

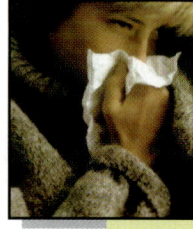

El **resfriado** es una enfermedad producida por una infección en la nariz y la laringe. Se presenta casi siempre en forma de dolor de cabeza, tos, fiebre, nariz tapada, ojos llorosos, estornudos, garganta irritada, cansancio... No hay ninguna cura para el resfriado, pero conviene descansar y tomar bastantes líquidos, abrigarse bien, dormir mucho y tomar alimentos saludables y nutritivos. Para la fiebre y los dolores en el cuerpo, tomar aspirinas.

La **gastritis** es una inflamación del estómago. Los síntomas son: dolor en la parte superior del abdomen, acidez, ardor, náuseas, vómitos, etc. Puede producirse por infección, consumo de medicamentos (como la aspirina), o incluso por estrés. Normalmente hay medicamentos, como los antiácidos, que eliminan los síntomas y ayudan a la curación.

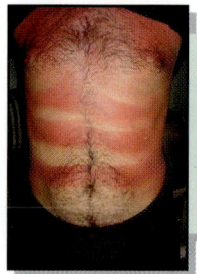

En una **quemadura solar** el daño no se presenta inmediatamente. En algunas personas el dolor puede empezar a los 15 minutos y en otras puede tardar horas en que la piel se ponga roja. Para aliviar el dolor, se puede intentar una ducha o un baño frío sobre la quemadura, aunque es mejor prevenir las quemaduras con el uso de protectores solares. Se debe llamar al médico si se presenta fiebre, mareos o salen ampollas.

La **alergia** es una reacción anormal de alguna parte del cuerpo causada por sustancias que habitualmente no hacen daño, como el polvo, algunos medicamentos o determinados alimentos. Los síntomas pueden ser erupciones en la piel, problemas respiratorios, dolor de estómago o vómitos. El mejor tratamiento es evitar las sustancias que producen alergia, pero hay muchos medicamentos apropiados.

Enfermedad	Órgano afectado	Causa	Síntomas	Tratamiento
Resfriado				
	Estómago			

Comprensión lectora C
Prospectos médicos

Un prospecto es la guía informativa que acompaña a un medicamento.

a. Lee el siguiente prospecto.

b. Localiza esta información.

1. Las sustancias que componen el medicamento: ....
2. Las reacciones no deseadas que puede producir un medicamento en nuestro cuerpo: ....
3. El cuidado que hay que tener para evitar un posible daño o peligro: ....
4. Las enfermedades para las que se recomienda el medicamento: ....
5. La acción que se produce cuando el medicamento se toma junto con otros: ....
6. La dosis recomendada: ....
7. Las circunstancias de un paciente que se oponen al empleo del medicamento: ....

GELOCATIL©

COMPOSICIÓN
Por comprimido
Paracetamol ....650 mg
Excipiente .... c.s.

INDICACIONES
Dolor de intensidad leve o moderada.
Fiebre.

POSOLOGÍA
Adultos: 1 comprimido cada 4-6 horas.
No se excederá de 6 comprimidos en 24 horas.
Niños de 6 a 10 años: 1/2 comprimido hasta 4 ó 5 veces al día.

CONTRAINDICACIONES
Enfermedades hepáticas.

PRECAUCIONES
En pacientes con insuficiencia hepática o renal, anemia, afecciones cardíacas o pulmonares, evitar tratamientos prolongados.
No exceder de la dosis recomendada.
Se aconseja consultar al médico para usarlo en niños menores de 3 años o en tratamientos de más de 10 días.

EFECTOS SECUNDARIOS
Tóxico para el hígado con dosis altas o tratamientos prolongados.
Raramente pueden aparecer erupciones en la piel o vómitos.

INTERACCIONES
Puede aumentar la toxicidad con cloranfenicol.

c. Responde a las preguntas.

1. ¿Para qué sirve este medicamento?
2. ¿Cómo lo tienes que tomar? ¿Con qué frecuencia?
3. ¿Lo pueden tomar los niños menores de 3 años?
4. Si tengo problemas de riñón o de hígado, ¿puedo tomarlo?
5. ¿Es recomendable para los enfermos del corazón?
6. ¿Puede causar problemas en la piel? ¿Cuáles?

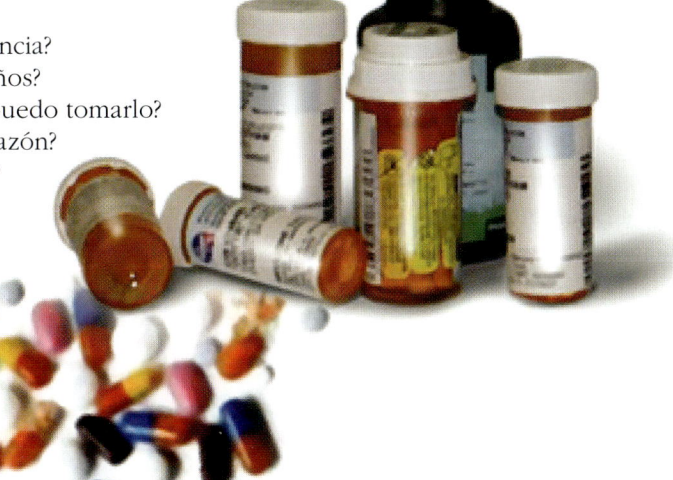

Gramática D
Expresar gustos y sentimientos. Oraciones de relativo

1 Observa y cambia las frases para utilizar el Presente de Subjuntivo.

A mí	me	gusta		
A ti	te	encanta	**+ sustantivo**	*Me preocupa tu estado.*
A él/ella/usted	le	preocupa	**+ infinitivo**	*¿Te da miedo ir al dentista?*
A nosotros, as	nos	molesta		
A vosotros, as	os	da miedo	**que + Pres. de Subj.**	*Me encanta que me preparen la comida.*
A ellos/ellas/ustedes	les	pone nervioso/a		

Observaciones: se utilizan las expresiones de sentimiento con infinitivo cuando la persona que realiza la acción y la que expresa el sentimiento es la misma.

¿Te da miedo ir al dentista?
(A ti)   (tú)

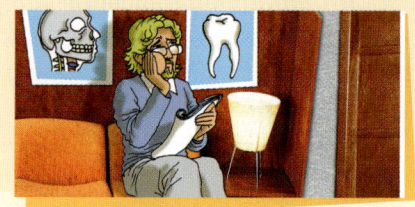

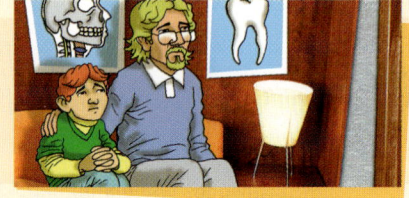

Se utilizan con Subjuntivo cuando la persona que realiza la acción y la que expresa el sentimiento son distintas.

¿Te da miedo que vayamos al dentista?
(A ti)   (nosotros)

1. ¿Te da miedo ir al dentista? (Nosotros) *¿Te da miedo que vayamos al dentista?*
2. Me encanta preparar la comida. (Ellos) ....
3. Me da miedo saber la verdad. (Vosotros) ....
4. No nos gusta estar enfermos. (Ella) ....
5. Me molesta tener que esperar. (Nosotros) ....
6. Me pone muy nerviosa llegar tarde a una cita. (Tú) ....

2 Pon los verbos en Presente de Indicativo o Subjuntivo.

Las oraciones de relativo

Las oraciones de relativo sirven para complementar a un nombre de otra oración. Ese nombre se llama *antecedente*. Las oraciones van en Indicativo si el antecedente es conocido y específico. Y van en Subjuntivo si el antecedente no es conocido ni específico.

Nombre antecedente +	QUE / DONDE	+ Indicativo o Subjuntivo

*¿Tienes la tarjeta **que cubre** la asistencia sanitaria?*   *Vamos a una clínica **donde tengan** servicio de urgencias.*
   antecedente   antecedente

1. Conozco a una persona que .... muy bien. (Cocinar)
2. Necesitamos un médico que .... especialista en aparto digestivo. (Ser)
3. Busco a alguien que .... acompañarme al hospital. (Querer)
4. He estado en un restaurante donde .... muy bien los espaguetis con chorizo. (Hacer)
5. Sé de una consulta médica donde te .... en el acto. (Atender)
6. Tengo un catálogo donde .... todos los médicos de la ciudad. (Estar)
7. Solicita una tarjeta sanitaria que te .... en cualquier país. (Servir)
8. Necesito un centro de rehabilitación donde .... buenos masajes. (Dar)
9. Tengo un dolor de estómago que me .... comer. (Impedir)

Gramática D

Contraste Indicativo/Subjuntivo. Algunos usos de *SER* y *ESTAR*

a. Observa el contraste entre el Indicativo y el Subjuntivo.

INDICATIVO: para constatar hechos	SUBJUNTIVO: para hacer valoraciones
Es seguro / evidente que... Está visto / claro / demostrado / comprobado que... *Está claro que necesitas un médico ahora mismo.*	Es bueno / malo / mejor que... Es posible / probable que... Es lógico / natural que... *Es natural que desprecie la comida porque está enferma.*

b. Pon los verbos entre paréntesis en Presente de Indicativo o Subjuntivo en 3ª persona.

1. Es seguro que .... enfermo. (Estar)
2. Es posible que .... al médico. (Ir)
3. Es natural que no .... hambre. (Tener)
4. Es lógico que .... su primer empleo. (Buscar)
5. Está visto que no .... nada para adelgazar. (Hacer)
6. Está claro que no .... ir al hospital. (Querer)
7. Es probable que .... un resfriado común. (Ser)

a. Observa las imágenes y construye frases como en el ejemplo.

Para hablar de normas sociales		
Es de mala educación... (No) está bien / mal visto... (No) está socialmente aceptado...	+ infinitivo que + Subjuntivo	*despreciar la comida.* *que desprecies la comida.*

1. Interrumpir a alguien que está hablando.
2. Dejar el asiento a las personas mayores.
3. Hacer ruido por la noche.

Es de mala educación interrumpir a alguien que está hablando.
No está bien visto que interrumpas a alguien que está hablando.

b. Inventa otras situaciones para expresar normas de comportamiento en tu país.

Expresión oral E
Hablar con el médico. Las normas sociales

1 Te encuentras mal, pero no sabes qué te pasa. Tienes que ir al médico.

a. Habla con tus compañeros y explica qué te pasa.

- Tus amigos te ven mal y te preguntan qué te pasa.
- Explícales los síntomas.
- Ellos intentarán averiguar lo que tienes y te aconsejarán qué hacer.

¿Qué te pasa? ¿Qué te duele?	Me encuentro mal. No me encuentro bien. Estoy cansado, deprimido, resfriado... Creo que tengo fiebre. Tengo dolor de espalda, cabeza, pies... Me siento sin fuerzas. Tengo ganas de vomitar. Me estoy mareando. / Tengo mareos. Siento frío, calor. Me duele todo el cuerpo, aquí, la cabeza...

b. Imagina que llamas por teléfono y pides una cita con el médico.

- Decide primero a qué médico vas a llamar según tu dolencia.
- La recepcionista te preguntará a qué médico quieres ir, el día y la hora que te va mejor, si vienes por algún seguro médico o es una consulta particular.
- Simula la llamada con tu compañero.

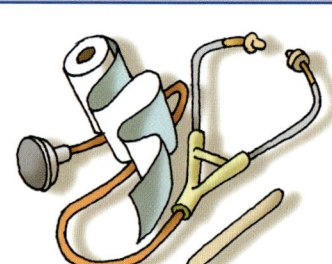

c. Imagina que estás en una consulta. Explícale al médico qué te pasa y él rellenará la siguiente receta.

Centro Médico

RECETA

Dr/Dra. ....
C/ ....
Tel. ....
Colegio Oficial de Médicos de ....
Nº de colegiado ....
Especialista en ....
Firma
Lugar.......................... Fecha.................

Sr/Sra. ....
Edad ....
Medicamento ....
Forma farmacéutica y vía de administración ....
....
Formato o núm. de envases ....
Posología (núm. de unidades y duración del tratamiento)
....
Instrucciones y advertencias ....
....

2 Costumbres sociales. ¿Qué está bien visto o mal visto en tu país? Habla con tus compañeros sobre las costumbres sociales en tu país.

- Asistir a un discurso: aplaudir, ponerse de pie, silbar...
- En la mesa, comiendo: comer despacio o deprisa, hablar, levantarse...
- Cuando alguien te invita a una fiesta: ser puntual, llevar un regalo, rechazar la invitación...

¿Qué haces cuando alguien te invita a comer en su casa?

Es de buena educación llevar algo, por ejemplo, el postre o un ramo de flores. Y no está bien visto llegar tarde.

¿Y si te ofrecen mucha comida o insisten en que comas más?

Expresión escrita F
El cuestionario

Rellena el siguiente cuestionario.

CUESTIONARIO SOBRE SU ESTADO DE SALUD

Centro médico Corazón

1. **En general, ¿cómo cree que es su salud?**
   - ○ Excelente   ○ Muy buena   ○ Buena   ○ Regular   ○ Mala

2. **¿Cuánto esfuerzo le cuesta caminar más de 1 hora o subir varios pisos por la escalera?**
   - ○ Mucho   ○ Poco

3. **Durante las 4 últimas semanas, ¿ha dejado de hacer algunas tareas en su trabajo a causa de su salud física?**
   - ○ Sí   ○ No

4. **Durante las 4 últimas semanas, ¿no ha hecho su trabajo o sus actividades cotidianas tan cuidadosamente como de costumbre a causa de algún problema emocional (estar triste, deprimido o nervioso...)?**
   - ○ Sí   ○ No

5. **Durante las 4 últimas semanas, ¿hasta qué punto el dolor le ha dificultado su trabajo o las tareas domésticas?**
   - ○ Nada   ○ Un poco   ○ Regular   ○ Bastante   ○ Mucho

6. **Durante las 4 últimas semanas, ¿cuánto tiempo se ha sentido calmado y tranquilo?**
   - ○ Siempre   ○ Casi siempre   ○ Algunas veces   ○ Sólo alguna vez   ○ Nunca

7. **Durante las 4 últimas semanas, ¿cuánto tiempo se ha sentido con mucha energía?**
   - ○ Siempre   ○ Casi siempre   ○ Algunas veces   ○ Sólo alguna vez   ○ Nunca

8. **Durante las 4 últimas semanas, ¿cuánto tiempo se ha sentido desanimado y triste?**
   - ○ Siempre   ○ Casi siempre   ○ Algunas veces   ○ Sólo alguna vez   ○ Nunca

9. **Durante las 4 últimas semanas, ¿con qué frecuencia la salud física o los problemas emocionales le han dificultado sus actividades sociales (como visitar a los amigos o familiares)?**
   - ○ Siempre   ○ Casi siempre   ○ Algunas veces   ○ Sólo alguna vez   ○ Nunca

Medical Outcome Study (MOS). 1992

Redacta un cuestionario para averiguar si tus compañeros llevan una vida sana.

a. Cada alumno redacta de tres a cinco preguntas sobre uno de los siguientes temas:
- Dormir poco y trabajar mucho.
- Llevar una dieta sana.
- Hacer deporte.
- Tomar muchos medicamentos.
- Estar estresado.
- Beber mucha agua y zumos de fruta.
- Estar relajado y ser positivo.
- Fumar y beber alcohol.

b. Las respuestas tienen que ser cerradas. Ejemplos:
- ¿Cuántas horas duermes al día?   ○ Menos de 6.   ○ Entre 6 y 8.   ○ Más de 8.
- ¿Haces deporte?   ○ Sí.   ○ No.   ○ De vez en cuando.

c. A continuación se seleccionan las mejores preguntas y se redacta un cuestionario.

d. Todos los alumnos tienen que rellenarlo individualmente.

e. Al final, toda la clase comenta los resultados y da consejos del tipo: tienes que..., debes...

Mundo hispano
Hábitos españoles

1 Lee el siguiente texto y responde a las preguntas.

LA SIESTA Y LA DIETA MEDITERRÁNEA

La siesta, la dieta mediterránea y el ejercicio físico son aspectos directamente relacionados con un "estilo de vida saludable".

Echar una cabezadita después de comer, además de un invento genuinamente español, es una necesidad del organismo grabada biológicamente en los genes. El ser humano está programado para dormir por la tarde sin que eso suponga ningún perjuicio en nuestro rendimiento. Muy al contrario, numerosos estudios han demostrado que este descanso permite aumentar la concentración, el rendimiento, la productividad e incluso la creatividad. Existe una predisposición natural en el ser humano para dormir por la tarde, lo que permite aumentar la capacidad física e intelectual, relajar los músculos y la mente y, para qué negarlo, disfrutar de este pequeño placer a mitad del día.

Por otro lado, verdura, fruta, legumbres, aceite de oliva, un poco de queso, frutos secos, yogur y algo de pescado fresco de vez en cuando son alimentos que aportan al organismo una protección natural y eficaz contra los problemas cardiovasculares o enfermedades como el Alzheimer. Esta combinación, que muchos han llamado "dieta mediterránea", cada vez está más cerca de convertirse en la fórmula mágica para la longevidad.

La "cesta mediterránea" puede ser considerada una eficaz farmacia natural en la prevención de numerosas enfermedades, lo que unido a un estilo de vida sana y al ejercicio físico puede repercutir ampliamente en la salud de los mediterráneos, allá donde se encuentren.

El Mundo. Suplemento Salud.
(Texto adaptado)

a. ¿Qué significan estas palabras o expresiones? Marca la respuesta correcta.
- Echar una cabezadita. ● Dormir. ○ Trabajar. ○ Beber.
- Problemas cardiovasculares. ○ Problemas del riñón. ○ Problemas del pulmón. ○ Problemas del corazón.
- Fórmula mágica para la longevidad. ○ Juventud. ○ Salud. ○ Vida larga.

b. ¿Qué razones da el texto para decir que la siesta es beneficiosa?
Es una necesidad del organismo que está en los genes.

c. ¿Cuáles son los alimentos principales de la dieta mediterránea?

d. ¿Qué beneficios aporta esta dieta?

e. Y tú, ¿te echas la siesta? ¿Qué tipo de dieta alimentaria haces?

Ya conoces

1

a. **Las expresiones para hablar de estados físicos:**

b. **Para hablar de normas sociales:**

> Es de mala educación...
> (No) está bien / mal visto...
> (No) está socialmente aceptado...

> ¿Qué te pasa?
> ¿Qué te duele?

> Me encuentro mal.
> No me encuentro bien.
> Estoy cansado, deprimido, resfriado...
> Creo que tengo fiebre.
> Tengo dolor de espalda, cabeza, pies...
> Me siento sin fuerzas.
> Tengo ganas de vomitar.
> Me estoy mareando. / Tengo mareos.
> Siento frío, calor.
> Me duele todo el cuerpo, aquí, la cabeza...

2

a. **Las especialidades médicas:** la cardiología, la dermatología, la estomatología, la ginecología, el médico familiar, la neumología, la traumatología, la urología, etc.

b. **Las partes del cuerpo:** el brazo, la cabeza, el codo, el corazón, el cuello, el dedo, los dientes, la espalda, el estómago, el hígado, el intestino delgado, el intestino grueso, los labios, la laringe, la mano, la médula espinal, la nariz, el ojo, la oreja, el pecho, el pie, el pulmón, el riñón, la rodilla, la tráquea, etc.

c. **Las enfermedades y los síntomas:** la acidez, la alergia, la ampolla, el ardor, el cansancio, el dolor de cabeza / estómago, las erupciones en la piel, el estornudo, la fiebre, la garganta irritada, la gastritis, la infección, la inflamación, el mareo, la nariz tapada, la náusea, los ojos llorosos, la piel roja, los problemas respiratorios, la quemadura solar, la reacción, el resfriado, la tos, el vómito, etc.

3

a. **El uso del Presente de Subjuntivo en expresiones de gustos y sentimientos:**

A mí	me	gusta	**+ sustantivo**	Me preocupa tu estado.
A ti	te	encanta		
A él/ella/usted	le	preocupa	**+ infinitivo**	¿Te da miedo ir al dentista?
A nosotros, as	nos	molesta		
A vosotros, as	os	da miedo	**que + Pres. de Subj.**	Me encanta que me preparen la comida.
A ellos/ellas/ustedes	les	pone nervioso,a		

Se utilizan las expresiones de sentimiento con infinitivo cuando la persona que realiza la acción y la que expresa el sentimiento es la misma.	¿Te da miedo ir al dentista?
Se utilizan con Subjuntivo cuando la persona que realiza la acción y la que expresa el sentimiento son distintas.	¿Te da miedo que vayamos al dentista?

b. **En las oraciones de relativo:**

Las oraciones de relativo

Las oraciones de relativo sirven para complementar a un nombre de otra oración. Ese nombre se llama *antecedente*. Las oraciones van en Indicativo si el antecedente es conocido y específico. Y van en Subjuntivo si el antecedente no es conocido ni específico.

Nombre antecedente +	**QUE DONDE**	**+ Indicativo o Subjuntivo**

> Un estomatólogo es un médico que trata las enfermedades de la boca.
> Busca una clínica donde tengan servicio de urgencias.

c. **El contraste Indicativo/Subjuntivo en oraciones impersonales de opinión:**

INDICATIVO: para constatar hechos

Es seguro / evidente que...
Está visto / claro / demostrado / comprobado que...

Está claro que necesitas un médico ahora mismo.

SUBJUNTIVO: para hacer valoraciones

Es bueno / malo / mejor que...
Es posible / probable que...
Es lógico / natural que...

Es natural que desprecie la comida porque está enferma.

4 Ponen la última

1 Tiempo de ocio: elegir una película.

a. Escucha el diálogo.

b. ¿Qué directores de cine españoles se mencionan?

- ▢ Pedro Almodóvar.
- ▢ Carlos Saura.
- ▢ Alejandro Amenábar.
- ▢ José Luis Garci.
- ▢ Isabel Coixet.
- ▢ Fernando Trueba.
- ▢ Juan Antonio Bardem.
- ▢ Luis García Berlanga.
- ▢ Itziar Bollaín.

c. Escribe debajo de cada cartel el género cinematográfico de estas películas.

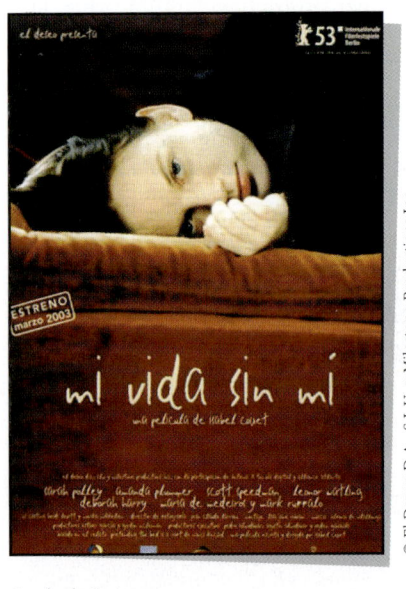

Isabel Coixet: ....

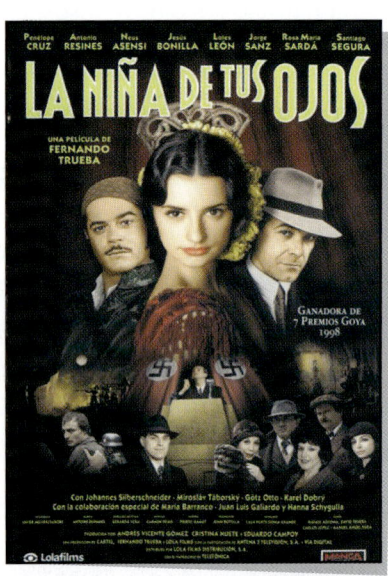

Fernando Trueba: ....

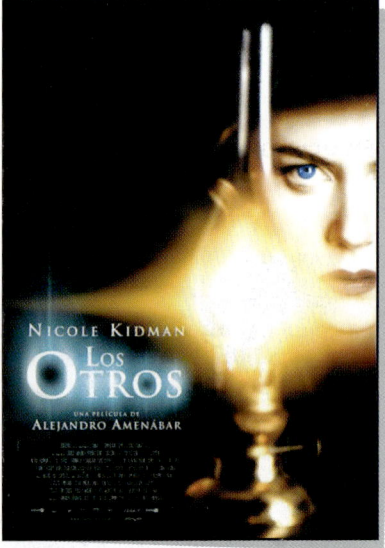

Alejandro Amenábar: ....

d. ¿Qué defiende cada personaje del diálogo? ¿Cuáles son sus argumentos? Relaciona.

PERSONAJE
- Julián
- Luisa
- Leticia

DEFIENDE
- *Las películas españolas son muy malas.*
- *El cine español de los últimos años es de gran calidad.*

ARGUMENTOS
- ▶ Hay directores de gran prestigio.
- ▶ Todos han ganado premios, incluso algún Oscar.
- ▶ Un premio no significa que la película sea buena.
- ▶ Cuando una película tiene premios, es porque es buena.
- ▶ Siempre trata los mismos temas.
- ▶ Es muy variado. Cada director tiene su estilo y prefiere un género.
- ▶ Es aburrido.

e. ¿Quiénes van finalmente al cine? ¿Qué van a ver?

Comprensión y práctica A
Opinando sobre cine

Di si es verdadero (V) o falso (F).

- Julián propone a sus amigas ir al festival.
- Leticia no ha visto nunca películas españolas.
- Luisa quiere acompañar a Julián al festival.
- El sábado ponen la última película de Almodóvar en el festival.
- Leticia opina que la última película de Almodóvar es la mejor.

Lee este diálogo y clasifica las expresiones destacadas.

- Las películas españolas son muy malas.
- Pero, ¿qué dices? El cine español de los últimos años es de gran calidad.
- Es posible, pero no creo que un premio signifique que la película sea buena.
- Por supuesto. Hay directores de gran prestigio internacional.
- Lo que quiero decir es que a mí no me gusta el cine español. Siempre trata los mismos temas.
- No estoy de acuerdo contigo. Cuando una película tiene premios, es porque es buena.
- Eso no es verdad. Es muy variado. Cada director tiene su estilo.
- Yo no estoy en contra del cine español, pero pienso que es aburrido.

Expresar acuerdo

Expresar desacuerdo

Matizar una opinión

En grupos. ¿Qué película habéis visto todos recientemente? Discutid qué os pareció.

Lo que hay que oír

1. ● Bienvenido al servicio. ● Bienvenido al ejercicio.
2. ● Día del telespectador. ● Día del espectador.
3. ● Información del viernes. ● Programación del viernes.
4. ● La primera sesión. ● La primera expresión.

Lo que hay que hacer

a. Marca lo que escuchas en "Lo que hay que oír".

b. Responde a las preguntas.
1. ¿En qué sala hay sesión a las 4:00? ....
2. ¿Qué días hay sesión de madrugada? .... ¿A qué hora? ....
3. ¿Cuánto vale la butaca?
   ● Normal: .... ● Día del espectador: .... ● Precio reducido: ....
4. ¿Quiénes se benefician del precio reducido? ....

Léxico B
El cine

1 **Ficha técnica de una película.**

a. Lee estos documentos.

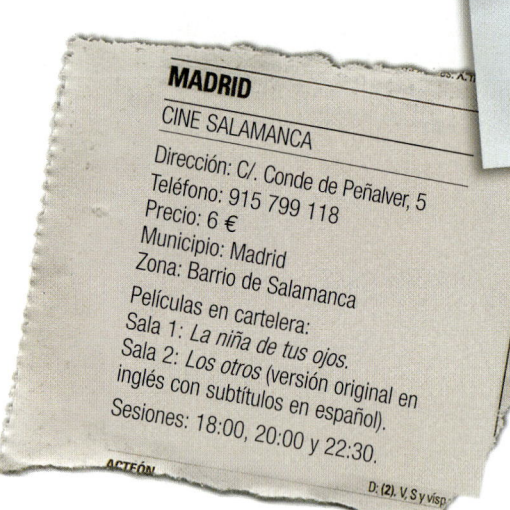

MADRID
CINE SALAMANCA
Dirección: C/. Conde de Peñalver, 5
Teléfono: 915 799 118
Precio: 6 €
Municipio: Madrid
Zona: Barrio de Salamanca
Películas en cartelera:
Sala 1: *La niña de tus ojos.*
Sala 2: *Los otros* (versión original en inglés con subtítulos en español).
Sesiones: 18:00, 20:00 y 22:30.

```
CINE SALAMANCA
c/. CONDE DE PEÑALVER, 5
LA NIÑA DE TUS OJOS
Sala    Sesion    Fecha
 01     18:00    02-12-04
          PATIO
        F: 12   B: 05
006 PVP: 6.00 EUROS  3404300037
92# IMP. INCL. 7% / CIF: A80356555
```

FICHA TÉCNICA
Título: *La niña de tus ojos.*
País y año: España, 1998.
Género: Comedia histórica.
Dirección: Fernando Trueba.
Intérpretes: Penélope Cruz, Antonio Resines, Jorge Sanz, Rosa María Sardá, Loles León.
Guión: Rafael Azcona y David Trueba.
Producción: Cristina Huete.
Fotografía: Javier Aguirresarobe.
Música: Antoine Duhamel.

b. Relaciona las palabras con su definición.

a. Género.
b. Director.
c. Butaca.
d. Intérprete.
e. Guionista.
f. Fila.
g. Productor.
h. Director de fotografía.
i. Entrada.
j. Sesión.
k. Versión original.
l. Cartelera.

❶ Actor. Representa un papel en la película.
❷ Asiento.
❸ Lista de películas.
❹ Serie de asientos colocados en línea.
❺ Inventa el argumento y los diálogos de la película.
❻ La persona más importante. Dirige la película.
❼ Billete que sirve para entrar en el cine.
❽ Persona o empresa que pone el dinero necesario para hacer la película.
❾ Se encarga de los exteriores y la composición visual.
❿ Película ofrecida en el idioma original.
⓫ Horario de pase de la película.
⓬ Tipo de película.

2 **Los géneros cinematográficos. Relaciona.**

☐ ANIMACIÓN
☐ CINE NEGRO
☐ COMEDIA
☐ HISTÓRICO
☐ OESTE
☐ MUSICAL
☐ CIENCIA-FICCIÓN
☐ DRAMA
☐ TERROR
☐ AVENTURAS

CINE ESPAÑOL

1. "Acción mutante"
2. "La tabla del rey Salomón"
3. "Mujeres al borde de un ataque de nervios"
4. "Juana la loca"
5. "Los otros"
6. "El otro lado de la cama"
7. "El bosque animado"
8. "Mi vida sin mí"
9. "800 balas"
10. "El krak"

OCIO 100x100

Comprensión lectora C
Opiniones sobre el cine

Opiniones sobre el cine español.

a. Lee este texto.

CINE
¿POR QUÉ EL CINE ESPAÑOL NO ACABA DE TRIUNFAR?

Una campaña de publicidad intenta que nuestras producciones superen el 16% de cuota de pantalla, frente al 71% de las de Hollywood.

Aleix Viscasillas Puig: Barcelona, 22 años, estudiante de publicidad.
Para Aleix "las producciones americanas entran mejor por la vista. Hay mucha gente que va al cine sólo buscando espectáculo y me parece que el cine español lo tiene muy difícil con ellas. Sin embargo, en los últimos años se ha producido un cambio de mentalidad importante. Ahora ya ha habido grandes éxitos del cine español y los directores jóvenes han sabido transmitir una imagen mucho más moderna".

Alicia Moreno Gil: Barcelona, 20 años, estudiante de Derecho.
Alicia prefiere "las películas nacionales a las americanas. El cine de Hollywood me parece muy irreal y me molesta que las historias tengan que acabar bien por regla. En España se tratan argumentos mejor conectados con la realidad y las situaciones me interesan más, porque las siento cercanas".

Chris Grossy: San Diego (EEUU), 23 años, buscando trabajo.
Según Chris, "en EEUU la situación ha cambiado mucho. Hace 10 años era muy difícil encontrar producciones extranjeras. Hoy existe un gran interés por el cine que llega de España, sobre todo gracias al éxito de Almodóvar. El cine español me recuerda al cine independiente de mi país: como no tiene un gran presupuesto, tiene que basarse en la calidad de las historias y las interpretaciones".

El Mundo. Suplemento La Luna. (Texto adaptado).

b. Busca en el texto una palabra que signifique lo mismo que las siguientes.

a. Película: ....   c. Modo de pensar: ....

b. Dinero: ....   d. Comunicar, hacer llegar: ....

c. Di si es verdadero (V) o falso (F) en cada caso.

a. ALEIX: ☐ Cree que las películas de Hollywood son más espectaculares.
☐ La gente ve más cine español gracias a los éxitos de directores jóvenes.

b. ALICIA: ☐ No le gustan las películas americanas porque siempre tienen final feliz.
☐ Las películas españolas tratan temas más próximos a la realidad.

c. CHRIS: ☐ En EEUU se veía más cine español hace 10 años.
☐ El cine español tiene calidad gracias a los buenos guiones y a los actores.

d. ¿Por qué las películas españolas no acaban de triunfar? ¿Cuál es la conclusión de cada una de las personas entrevistadas?

Y tú, ¿has visto películas españolas? ¿Te gustan? ¿Prefieres el cine de Hollywood?

Gramática D
Condicional

1

a. Observa y completa el cuadro del Condicional regular.

Condicional de verbos regulares		
infinitivo	+	-ía
		-ías
		-ía
		-íamos
		-íais
		-ían

	Ganar	Volver	Escribir
yo			
tú			
él, ella, usted			
nosotros, as			
vosotros, as			
ellos, ellas, ustedes			

b. Completa el cuadro. Después completa las frases con los verbos en Condicional.

VERBOS REGULARES: son los mismos que el Futuro		
Infinitivo	Raíz	Terminación
	habr-	
poder		
	pondr-	-ía
saber		-ías
	cabr-	-ía
tener		-íamos
	vendr-	-íais
querer		-ían
	dir-	
hacer		

1. Me .... ver la última película de Isabel Coixet. (Gustar)
2. ¿Te .... ayudarme a elegir la película? (Importar)
3. .... ir hoy al teatro. (Preferir - yo)
4. ¿............... comprarme una entrada para el domingo? (Poder - tú)
5. Perdone, pero no le oigo bien. ¿........... el favor de hablar más alto? (Hacer - usted)
6. Me .... ser artista de circo. (Encantar)
7. Nosotros también .... ir al cine, pero no podemos. (Querer)
8. Me ha encantado esta película, ... a verla otra vez. (Volver)
9. ¿............... la amabilidad de dejarme pasar? Mi butaca es aquella. (Tener - ustedes)
10. ¿........... usted tan amable de acompañarme a mi asiento? (Ser)

c. Observa y clasifica las oraciones del ejercicio anterior en el cuadro siguiente.

Algunos usos del Condicional	
Para expresar deseos:	**Para pedir un favor de forma cortés:**
Me gustaría ver esa película.	*¿Te importaría ayudarme?*

d. Observa estas imágenes y escribe una frase en Condicional para pedir un favor.

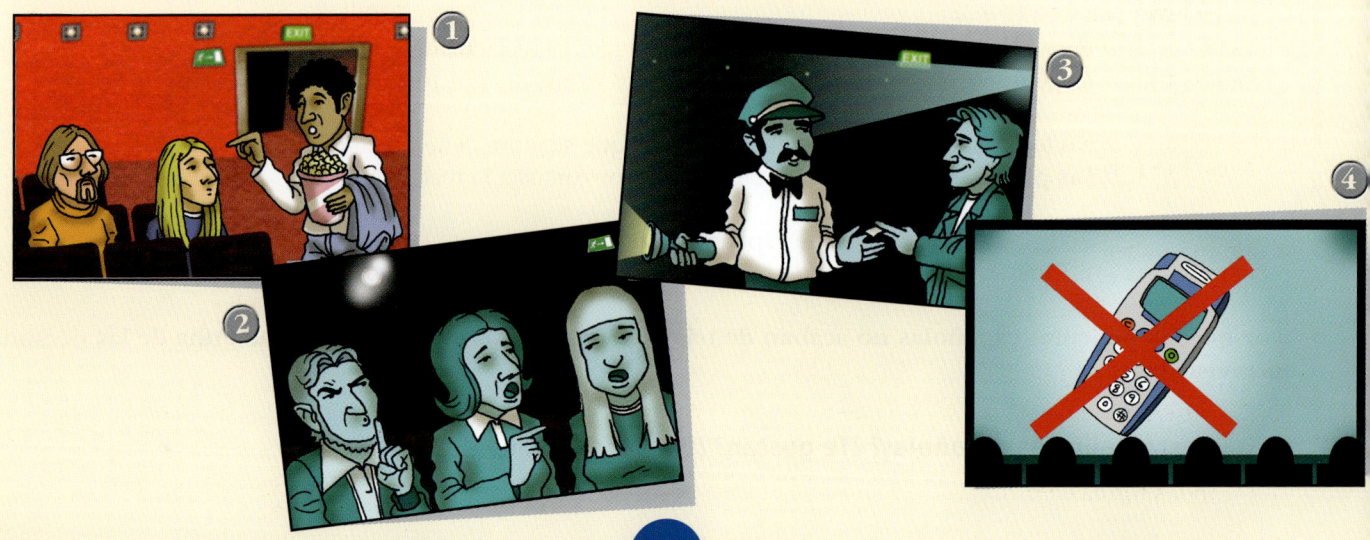

Gramática D
Artículo neutro *LO*. Expresar la opinión

a. Observa.

Artículo neutro *LO*

Lo + adjetivo Sirve para marcar una cualidad de algo.		*Lo interesante de un festival es que puedes elegir.*
Lo de Sirve para referirnos a algo ya dicho o que creemos que conoce nuestro interlocutor.	+ infinitivo	*No estoy de acuerdo en lo de ir al cine.*
	+ nombre propio	*¿Sabes lo de Juan?*
	+ artículo + sustantivo	*No nos ponemos de acuerdo con lo de la comida.*
	+ adverbio	*He olvidado lo de ayer.*
	que + frase	*No acepto lo de que el cine español es aburrido.*
Lo que + verbo Equivale a *eso que*.		*No estoy de acuerdo con lo que dices.*

b. Transforma las frases según el modelo.

1. Un festival de cine es interesante porque puedes elegir las películas.
   Lo interesante de un festival de cine es que puedes elegir las películas.
2. Esta película es rara porque no se entiende el final. ....
3. Este espectáculo es bueno porque los actores cantan muy bien. ....
4. El circo es divertido porque hay payasos. ....
5. Internet es práctico porque puedes comprar las entradas desde tu casa. ....

c. Completa las frases con *LO DE* o *LO QUE*.

1. .... quiero decir es que a mí no me gusta el cine español.
2. No me gustó .... antes, pero te lo perdono.
3. ¿Qué te parece .... Pilar?
4. No estoy de acuerdo con .... dice usted, pero lo respeto.
5. Me interesa .... trabajar sólo por las mañanas.
6. Me molesta .... está pasando.

Observa y completa las frases con los verbos en Indicativo o en Subjuntivo.

Expresar la opinión

Creo / pienso / opino que... (A mí) me parece que... En mi opinión... Para mí...	+ Indicativo	*Creo que tiene razón. Para mí el cine español es aburrido.*
No creo / pienso / opino que... (A mí) no me parece que...	+ Subjuntivo	*No creo que tenga razón. A mí no me parece que el cine español sea aburrido.*

1. En mi opinión, el cine español .... (estar) teniendo grandes éxitos.
2. Pues yo no creo que .... (ser) para tanto. Para mí Almodóvar .... (ser) el único que destaca.
3. ¿El único? Yo pienso que .... (haber) muchos directores españoles de gran prestigio.
4. Es posible, pero no creo que sus películas se .... (ver) en todo el mundo.
5. De acuerdo, pero en España al menos creo que ya le .... (hacer) la competencia al cine de Hollywood.
6. Pero, ¿qué dices? No me parece que el cine español .... (estar) todavía al nivel del americano.
7. De todas formas, yo no creo que se .... (deber) comparar. Son películas diferentes para públicos diferentes.

Expresión oral E
Participar en un debate

1 Debate.

a. En grupos. Elige un tema y da tu opinión.

El cine actual es mejor que el de hace 40 años.

Gracias a las nuevas tecnologías es mejor ver las películas en casa.

Los jóvenes ya no se interesan por el cine, prefieren otras diversiones.

b. La clase se divide en dos grupos: los que están a favor y los que están en contra. Con tu grupo, escribe argumentos.

Conectores de la argumentación			
Introducir el tema de opinión	Enumerar los argumentos	Justificar los argumentos	Concluir una argumentación
En mi opinión… Para mí… Mi opinión es que… Desde mi punto de vista…	**Primer argumento** Para empezar / comenzar… En primer lugar… Por un lado / una parte… **Segundo argumento** Para seguir… En segundo lugar… Por otro lado… **Otro argumento** Además… No hay que olvidar… **Argumento que se opone** Pero… Sin embargo…	**Dar ejemplos** Por ejemplo, **Expresar causa** Porque… Puesto que… Ya que…	**Resumir** En resumen… Para resumir… **Concluir** En conclusión… Por consiguiente… En definitiva…

c. Ahora toda la clase debate sobre el tema elegido.

Intervenir en un debate y contrastar opiniones			
Intervenir, pedir la palabra	Expresar acuerdo	Matizar una opinión	Expresar desacuerdo
Perdona, pero… Perdona que te interrumpa, pero… ¿Me permites (que hable)? ¿Puedo hablar? ¿Puedo decir una cosa?	De acuerdo. Tienes razón. Es verdad / cierto. Claro / Exacto / Perfecto. Por supuesto. Desde luego (que sí).	Sí, pero… (Eso) depende. Es posible, pero… Puede ser, pero… ¿Tú crees? Yo no estoy en contra, pero…	No estoy de acuerdo (con)… (Yo) no lo veo así. Eso no es así / verdad. ¡De eso, nada! ¡Qué va! Pero, ¿qué dices? No digas que…

2 ¿Vamos al cine?
Elige una película y habla con tu compañero para ir juntos.

Expresión escrita F
Una crítica de cine

Lee estas críticas de cine y separa las partes de la segunda. ¿Cuál de las dos es una crítica positiva?

Título y breve ficha técnica:

Héctor

Director: Gracia Querejeta.

Intérpretes: Nilo Mur, Adriana Ozores, Joaquín Climent, Damián Alcázar, Nuria Gago.

Frase que resume la opinión:

Bien escrita, bien dirigida y bien interpretada.

Desarrollo: argumentos a favor o en contra de la película.

Hacía cinco años que Gracia Querejeta, una de las directoras más populares de nuestro cine, no se colocaba detrás de la cámara, y lo hace con un ejercicio de emoción que la consagra. *Héctor* es una película que, en mi opinión, sólo tiene un punto negro: la trama es muy lenta en algunos momentos.

Narra una historia que empieza en el pasado y ya en el presente cose los hilos sentimentales de forma cálida y desde un punto de vista terrenal, muy ligada a la realidad.

Tanto los dos actores principales, el joven Nilo Mur y Adriana Ozores, como el resto realizan una magnífica interpretación.

Conclusión:

Es una película para los amantes del buen cine.

Lanetro (texto adaptado)

Tánger

Director: Juan Madrid.

Intérpretes: Jorge Perugorría, Ana Fernández, José Manuel Cervino, Fele Martínez.

Película sin la emoción y sin el ritmo narrativo propio del cine policíaco.

Tánger es el primer trabajo del director malagueño Juan Madrid, por lo que se nota la inexperiencia. A pesar de sus buenas intenciones, a esta historia de amor y corrupción le falta credibilidad y roza el ridículo en numerosas ocasiones.

Director y actores comparten la responsabilidad de que todo suene falso y poco natural. El primero es además el autor de un guión demasiado simple, donde el trasfondo social no se tiene en cuenta.

Tánger se queda en un malo ejemplo de cine negro "a la española".

Lanetro (texto adaptado)

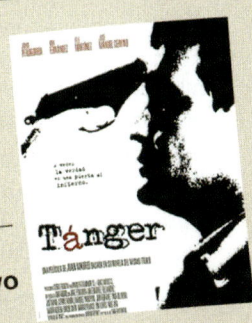

¿Cuál es la última película que has visto? Escribe una crítica.

Mundo hispano
Los premios Oscar hispanos

1 Lee el siguiente texto y completa el cuadro.

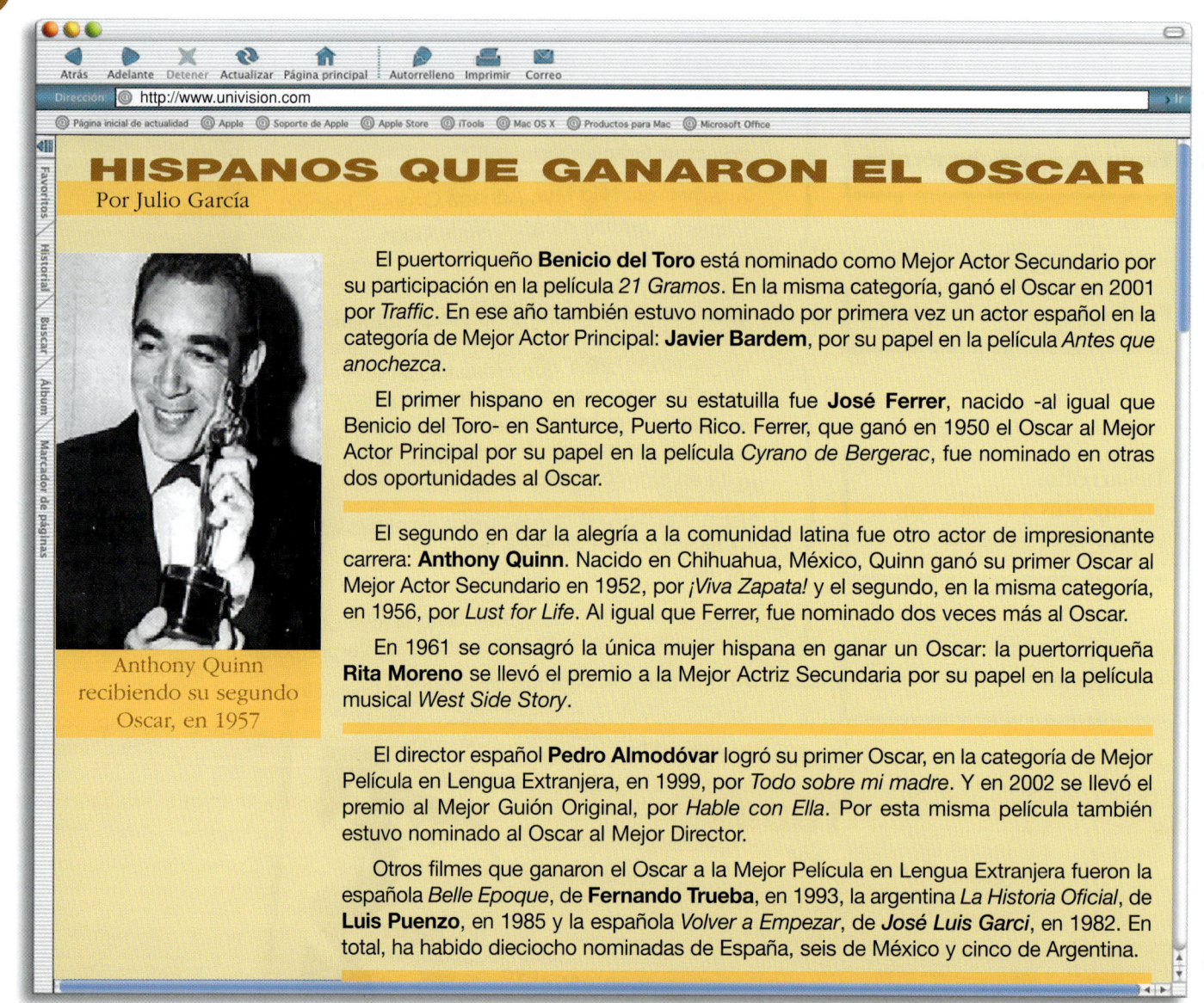

HISPANOS QUE GANARON EL OSCAR
Por Julio García

El puertorriqueño **Benicio del Toro** está nominado como Mejor Actor Secundario por su participación en la película *21 Gramos*. En la misma categoría, ganó el Oscar en 2001 por *Traffic*. En ese año también estuvo nominado por primera vez un actor español en la categoría de Mejor Actor Principal: **Javier Bardem**, por su papel en la película *Antes que anochezca*.

El primer hispano en recoger su estatuilla fue **José Ferrer**, nacido -al igual que Benicio del Toro- en Santurce, Puerto Rico. Ferrer, que ganó en 1950 el Oscar al Mejor Actor Principal por su papel en la película *Cyrano de Bergerac*, fue nominado en otras dos oportunidades al Oscar.

El segundo en dar la alegría a la comunidad latina fue otro actor de impresionante carrera: **Anthony Quinn**. Nacido en Chihuahua, México, Quinn ganó su primer Oscar al Mejor Actor Secundario en 1952, por *¡Viva Zapata!* y el segundo, en la misma categoría, en 1956, por *Lust for Life*. Al igual que Ferrer, fue nominado dos veces más al Oscar.

En 1961 se consagró la única mujer hispana en ganar un Oscar: la puertorriqueña **Rita Moreno** se llevó el premio a la Mejor Actriz Secundaria por su papel en la película musical *West Side Story*.

El director español **Pedro Almodóvar** logró su primer Oscar, en la categoría de Mejor Película en Lengua Extranjera, en 1999, por *Todo sobre mi madre*. Y en 2002 se llevó el premio al Mejor Guión Original, por *Hable con Ella*. Por esta misma película también estuvo nominado al Oscar al Mejor Director.

Otros filmes que ganaron el Oscar a la Mejor Película en Lengua Extranjera fueron la española *Belle Epoque*, de **Fernando Trueba**, en 1993, la argentina *La Historia Oficial*, de **Luis Puenzo**, en 1985 y la española *Volver a Empezar*, de **José Luis Garci**, en 1982. En total, ha habido dieciocho nominadas de España, seis de México y cinco de Argentina.

Anthony Quinn recibiendo su segundo Oscar, en 1957

Nombre	País	Nº de nominaciones	Nº de premios	Categorías premiadas y año	Película
Benicio del Toro					
Javier Bardem					
José Ferrer	Puerto Rico	3	1	Mejor Actor Principal, 1950	Cyrano de Bergerac
Anthony Quinn					
Rita Moreno					
Pedro Almódovar					
Fernando Trueba					
Luis Puenzo					
José Luis Garci					

2 ¿Has visto alguna de estas películas? ¿Te gustaron?

Ya conoces

1.

a. Las expresiones para hablar, argumentar y discutir:

Conectores de la argumentación			
Introducir el tema de opinión	**Enumerar los argumentos**	**Justificar los argumentos**	**Concluir una argumentación**
En mi opinión… Para mí… Mi opinión es que… Desde mi punto de vista…	**Primer argumento** Para empezar / comenzar… En primer lugar… Por un lado / una parte… **Segundo argumento** Para seguir… En segundo lugar… Por otro lado… **Otro argumento** Además… No hay que olvidar… **Argumento que se opone** Pero… Sin embargo…	**Dar ejemplos** Por ejemplo, **Expresar causa** Porque… Puesto que… Ya que…	**Resumir** En resumen… Para resumir… **Concluir** En conclusión… Por consiguiente… En definitiva…

Intervenir en un debate y contrastar opiniones			
Intervenir, pedir la palabra	**Expresar acuerdo**	**Matizar una opinión**	**Expresar desacuerdo**
Perdona, pero… Perdona que te interrumpa, pero… ¿Me permites (que hable)? ¿Puedo hablar? ¿Puedo decir una cosa?	De acuerdo. Tienes razón. Es verdad / cierto. Claro / Exacto / Perfecto. Por supuesto. Desde luego (que sí).	Sí, pero… (Eso) depende. Es posible, pero… Puede ser, pero… ¿Tú crees? Yo no estoy en contra, pero…	No estoy de acuerdo (con)… (Yo) no lo veo así. Eso no es así / verdad. ¡De eso, nada! ¡Qué va! Pero, ¿qué dices? No digas que…

2.

a. El vocabulario del cine: la butaca, la cartelera, el director, el director de fotografía, la entrada, la fila, el género, el guionista, el intérprete, el productor, la sesión, la versión original, etc.

b. Los géneros cinematográficos: la animación, las aventuras, la ciencia-ficción, el cine negro, la comedia, el drama, el histórico, el musical, el oeste, el terror, etc.

3.

a. Los verbos en Condicional:

Condicional de verbos regulares		
infinitivo	+	-ía
		-ías
		-ía
		-íamos
		-íais
		-ían

b. El uso del neutro *LO*:

Artículo neutro *LO*	
Lo + adjetivo. Sirve para marcar una cualidad de algo.	
Lo de Sirve para referirnos a algo ya dicho o que creemos que conoce nuestro interlocutor.	**+ infinitivo**
	+ nombre propio
	+ artículo + sustantivo
	+ adverbio
	que + frase
Lo que + verbo. Equivale a *eso que*.	

c. Expresar la opinión.

Expresar la opinión		
Creo / pienso / opino que… (A mí) me parece que… En mi opinión… Para mí…	**+ Indicativo**	*Creo que tiene razón.* *Para mí el cine español es aburrido.*
No creo / pienso / opino que… (A mí) no me parece que…	**+ Subjuntivo**	*No creo que tenga razón.* *A mí no me parece que el cine español sea aburrido.*

5 ¿Tiene experiencia laboral?

1 Pedro Merino López está buscando trabajo y se presenta a una entrevista.

a. Escucha el diálogo y completa el currículum.

CURRÍCULUM VITAE

DATOS PERSONALES
Nombre: Pedro Merino López.   Edad: 31 años.
Nacionalidad: español.   Teléfono: 91 575 38 34.
Correo electrónico: merino@alo.es

FORMACIÓN ACADÉMICA
Diplomado en ....
(Escuela Universitaria de Estudios Empresariales - Madrid).
Licenciado en ....
(Universidad Complutense).
Licenciado en ....
(Universidad ....).

CURSOS DE FORMACIÓN
Curso de Especialización: ....
(Universidade de São Paulo).
Master en ....
(Universidad Complutense).

IDIOMAS
....

EXPERIENCIA LABORAL
.... en Financia, S.A.

OTROS DATOS DE INTERÉS
Alto conocimiento de ....

Compañía Financiera precisa incorporar:
ASESOR FINANCIERO DE INVERSIÓN

Requisitos:
- Edad de 27 a 35 años.
- Don de gentes.
- Movilidad geográfica por América Latina.

Se ofrece:
- Contrato mercantil.
- Formación a cargo de la empresa.
- Promoción interna.

Concertar entrevista.
Tel.: 94 256 82 14 (Sr. Díaz)

---

b. Di si es verdadero (V) o falso (F). ¿A qué partes de la entrevista de trabajo corresponden las respuestas verdaderas? Clasifícalas.

☐ 1. El candidato no sabe si podrá realizar bien el trabajo.
☐ 2. El entrevistador quiere saber qué otras actividades realizó Pedro mientras estaba en la Universidad.
☐ 3. El candidato reconoce que no tiene experiencia laboral, pero ha realizado prácticas.
☐ 4. El entrevistador se presenta y bromea sobre el tiempo.
☐ 5. Los interlocutores hablan del sueldo.
☐ 6. El entrevistador quiere saber si Pedro conoce la empresa y el puesto de trabajo que se ofrece.
☐ 7. El candidato dice los cursos de formación que ha hecho.

El historial del candidato	La empresa y el puesto de trabajo

Comprensión y práctica A
En una entrevista de trabajo

Ordena estas preguntas y respuestas según el diálogo y complétalas con las palabras del recuadro.

antes de

P: ¿Con qué otras actividades compaginó sus estudios?
R: Con el estudio de idiomas. .... entrar en la universidad yo ya había empezado a estudiar francés, pero .... estuve estudiando también portugués. He realizado cursos de perfeccionamiento en Lisboa y en Bruselas.

el verano pasado

al mismo tiempo

P: Tiene usted dos licenciaturas. ¿Las estudió a la vez?
R: Bueno, estudié .... la Diplomatura en Estudios Empresariales y la Licenciatura en Ciencias y Técnicas Estadísticas. .... volví a matricularme en la Universidad Complutense. Pero .... ya había terminado las dos carreras anteriores.

después

para entonces

P: Además tiene usted otros cursos de formación.
R: Sí, he realizado un Máster en Márketing Profesional y .... hice un Curso de Especialización en Administración de Proyectos en la Universidad de São Paulo.

luego

Y tú, ¿has trabajado alguna vez? ¿Qué formación tienes? Resume cronológicamente tus actividades laborales o de formación.

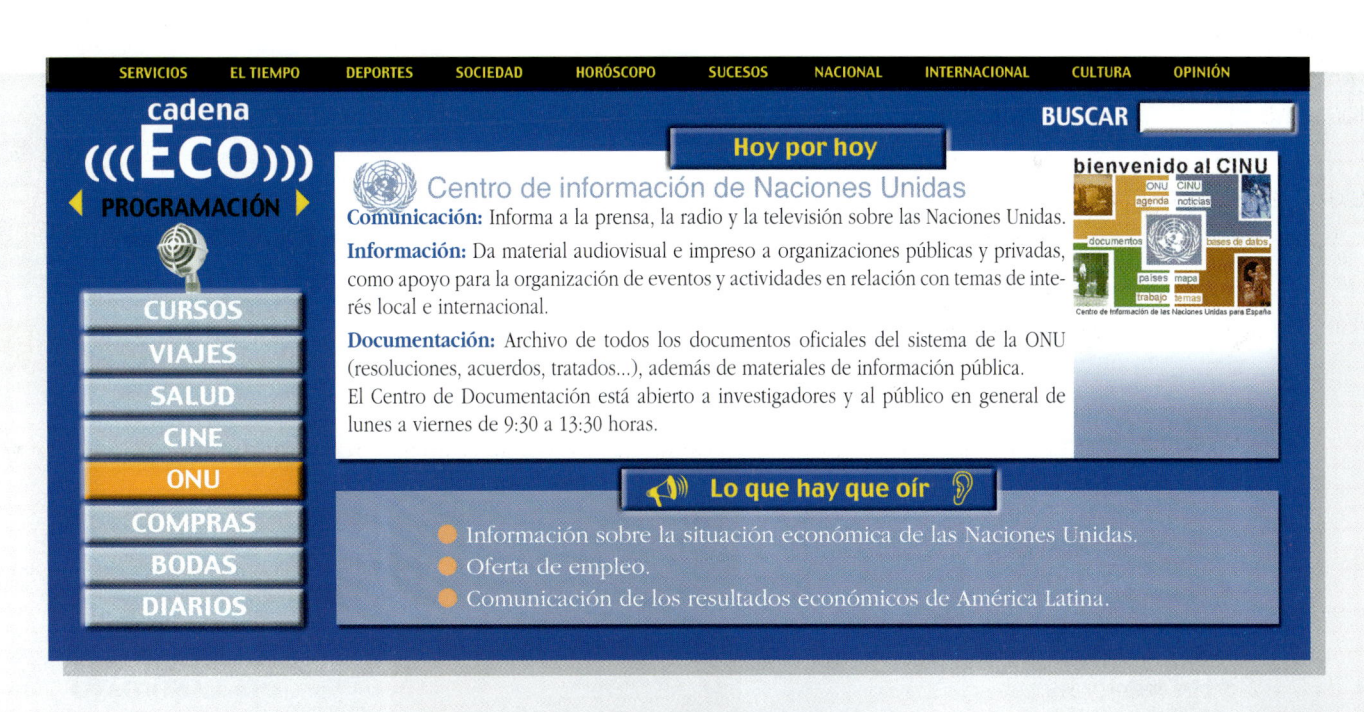

SERVICIOS EL TIEMPO DEPORTES SOCIEDAD HORÓSCOPO SUCESOS NACIONAL INTERNACIONAL CULTURA OPINIÓN

cadena (((ECO)))
◀ PROGRAMACIÓN ▶

CURSOS
VIAJES
SALUD
CINE
ONU
COMPRAS
BODAS
DIARIOS

BUSCAR

Hoy por hoy

Centro de información de Naciones Unidas
Comunicación: Informa a la prensa, la radio y la televisión sobre las Naciones Unidas.
Información: Da material audiovisual e impreso a organizaciones públicas y privadas, como apoyo para la organización de eventos y actividades en relación con temas de interés local e internacional.
Documentación: Archivo de todos los documentos oficiales del sistema de la ONU (resoluciones, acuerdos, tratados...), además de materiales de información pública. El Centro de Documentación está abierto a investigadores y al público en general de lunes a viernes de 9:30 a 13:30 horas.

bienvenido al CINU

Lo que hay que oír
- Información sobre la situación económica de las Naciones Unidas.
- Oferta de empleo.
- Comunicación de los resultados económicos de América Latina.

(((((**Lo que hay que hacer**)))))

a. ¿Qué tipo de anuncio es? Marca la respuesta correcta en "Lo que hay que oír".

b. Responde a las preguntas.
1. ¿Qué organismo ha puesto el anuncio? ....
2. ¿Qué carreras universitarias tienen que tener los candidatos? ....
3. ¿Qué idiomas tienen que conocer? ....
4. ¿Cuál es el último día para la presentación de las solicitudes? ....

Léxico B
El trabajo

1 Profesionales.
Relaciona las profesiones con las carreras universitarias.

a. Abogado.
b. Veterinario.
c. Arquitecto.
d. Periodista.
e. Profesor de español.
f. Informático.
g. Médico.

1. Medicina.
2. Derecho.
3. Veterinaria.
4. Informática.
5. Periodismo.
6. Arquitectura.
7. Filología Hispánica.

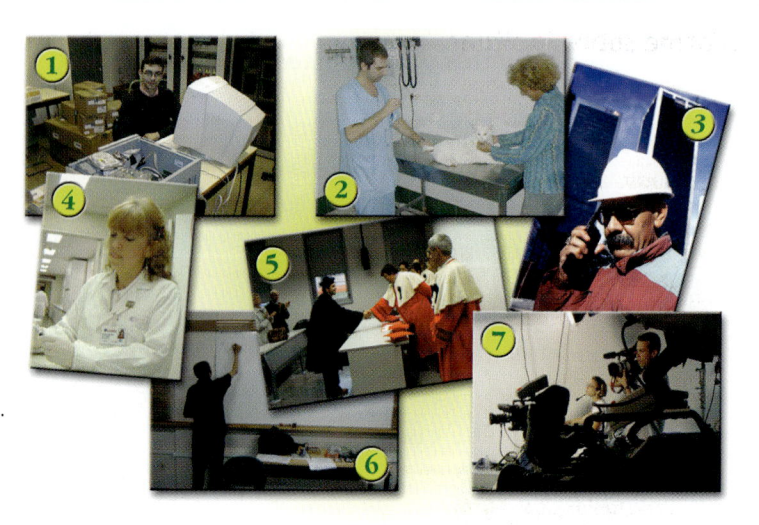

2 Anuncios de trabajo.
Lee estos anuncios de trabajo y subraya las palabras relacionadas con el puesto de trabajo, los estudios, las características del candidato y la oferta de la empresa.

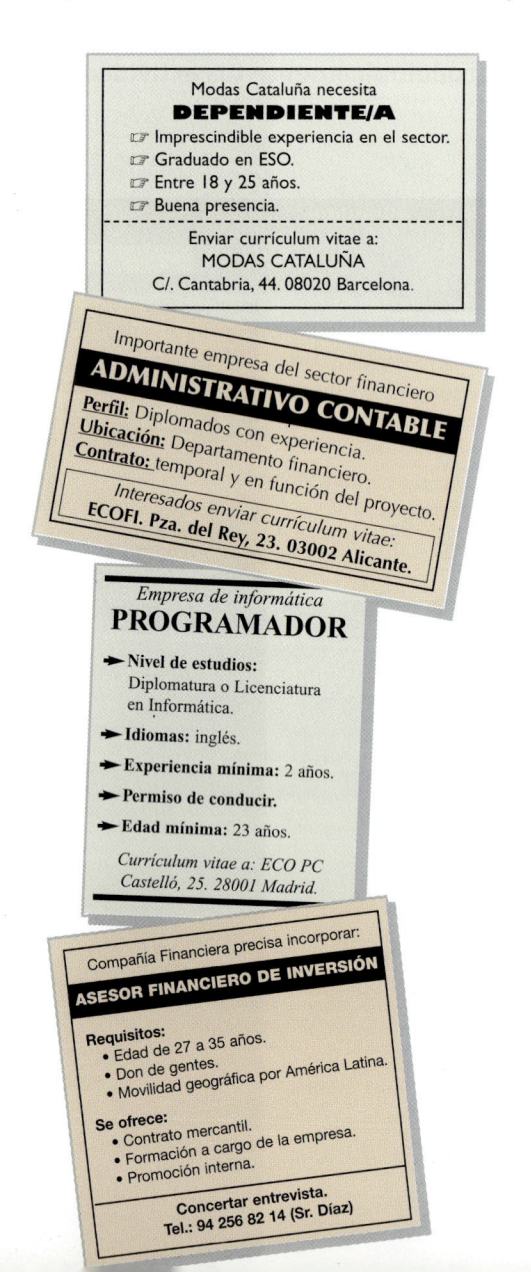

Modas Cataluña necesita
DEPENDIENTE/A
☞ Imprescindible experiencia en el sector.
☞ Graduado en ESO.
☞ Entre 18 y 25 años.
☞ Buena presencia.

Enviar currículum vitae a:
MODAS CATALUÑA
C/. Cantabria, 44. 08020 Barcelona.

Importante empresa del sector financiero
ADMINISTRATIVO CONTABLE
Perfil: Diplomados con experiencia.
Ubicación: Departamento financiero.
Contrato: temporal y en función del proyecto.

Interesados enviar currículum vitae:
ECOFI. Pza. del Rey, 23. 03002 Alicante.

Empresa de informática
PROGRAMADOR
➤ **Nivel de estudios:** Diplomatura o Licenciatura en Informática.
➤ **Idiomas:** inglés.
➤ **Experiencia mínima:** 2 años.
➤ **Permiso de conducir.**
➤ **Edad mínima:** 23 años.

Curriculum vitae a: ECO PC
Castelló, 25. 28001 Madrid.

Compañía Financiera precisa incorporar:
ASESOR FINANCIERO DE INVERSIÓN

Requisitos:
• Edad de 27 a 35 años.
• Don de gentes.
• Movilidad geográfica por América Latina.

Se ofrece:
• Contrato mercantil.
• Formación a cargo de la empresa.
• Promoción interna.

Concertar entrevista.
Tel.: 94 256 82 14 (Sr. Díaz)

Importante empresa de construcción necesita cubrir puesto de **ARQUITECTO JEFE**

Buscamos profesional con experiencia y capacidad de organización. Licenciado en Arquitectura.
Ofrecemos incorporación inmediata en importante construcción de fincas en la Costa del Sol.

Interesados enviar currículum vitae:
SICON. Av. de Granada, 12. 46002 Valencia.

PUESTO DE TRABAJO
✔ *Arquitecto jefe*
✔ ....
✔ ....
✔ ....
✔ ....

OFERTA DE LA EMPRESA
✔ *Incorporación inmediata*
✔ ....
✔ ....
✔ ....
✔ ....

ESTUDIOS
✔ *Licenciado*
✔ ....
✔ ....

CARACTERÍSTICAS DEL CANDIDATO
✔ *Capacidad de organización*
✔ *Con experiencia*
✔ ....
✔ ....
✔ ....
✔ ....
✔ ....

Comprensión lectora C
Las mujeres y el trabajo

Informe sobre la situación laboral de las mujeres.

NEGOCIOS 11

MUJERES AL BORDE DEL ÉXITO

No es una casualidad que las mujeres empiecen a ocupar los cargos directivos en las empresas. Tampoco lo es que estén al frente de gran parte de las nuevas empresas de Internet. Ahora la batalla de la igualdad está en el lado de los hombres, que tienen que ayudar en las tareas domésticas e intentar no perder terreno profesional frente a las mujeres.

Una de cada tres empresas creadas este año en Madrid por los miembros de la Asociación de Jóvenes Empresarios es iniciativa de una mujer, algo impensable hace diez años. Los nombres femeninos suenan en empresas bien conocidas: Mercè Sala es presidenta del Consejo de Administración de Com.radio, Silvia Meseguer es Directora de Publicidad de Yahoo, Amparo Moraleda es adjunta a la dirección de IBM y Ana María Llopis acaba de asumir la Presidencia Ejecutiva de Viaplus, una tienda de comercio electrónico. Esta última había desempeñado el cargo de Consejera Delegada de Open Bank desde el año 1995 hasta su incorporación a Viaplus, y antes ya había sido Directora General Adjunta de Schweppes y Directora Comercial de Márketing de Playtex. El cuarenta y dos por ciento de la plantilla de Viaplus son mujeres. No obstante, Llopis cree que "existe un porcentaje muy elevado de mujeres que han demostrado, al igual que muchos hombres, su magnífica valía personal y profesional, pero aún tenemos que mejorar muchos aspectos de la incorporación de la mujer a puestos directivos".

Mientras la nueva generación de profesionales desarrolla su carrera en mejores condiciones de igualdad, los estudios ponen de relieve las diferencias en el trabajo entre hombres y mujeres. Según una encuesta, los hombres tienen más capacidad de liderazgo, más iniciativa, y son más resolutivos en la toma de decisiones que las mujeres. Y éstas destacan por ser más perfeccionistas, creativas y constantes en el trabajo. Sin embargo, no todo son virtudes. Las mujeres son más reivindicativas y conflictivas que los hombres. Y estos, por su parte, destacan por ser más autoritarios, ambiciosos e individualistas.

Expansión (texto adaptado)

a. ¿Qué puestos altos de trabajo se mencionan?

b. ¿Cuál es la experiencia profesional de Ana María Llopis?

c. ¿Qué piensa Ana María Llopis con respecto a la igualdad en el trabajo entre hombres y mujeres?

d. Según el texto, ¿cuáles son las diferencias en el trabajo entre hombres y mujeres?

Hombres	Mujeres

Debate: ¿Estás de acuerdo con estas diferencias? ¿Y el resto de la clase?

Gramática D

Pretérito Pluscuamperfecto. Contraste de pretéritos

1 Observa y transforma las frases según el modelo.

Pretérito Pluscuamperfecto
Pretérito Imperfecto de haber + participio

yo	había
tú	habías
él, ella, usted	había
nosotros, as	habíamos
vosotros, as	habíais
ellos, ellas, ustedes	habían

hablado / vivido / dicho

Usos
Expresar una acción pasada anterior a otra también pasada:
Cuando me matriculé, yo ya había terminado dos carreras anteriores.

1. No se cree que ha aprobado el curso. .... *No se creyó que había aprobado el curso.*
2. Tenemos que quedarnos porque no hemos terminado el trabajo. ....
3. ¿Dices que todavía no ha venido? ....
4. Nos vamos porque ya ha terminado la entrevista. ....
5. Cuando se levanta por la mañana, todavía no ha amanecido. ....
6. Cuando llego a la oficina, mi secretaria ya me ha organizado el día. ....
7. Llaman para decir que ya han llegado. ....

2 a. Observa.

Contraste de pretéritos

Acontecimientos			Situaciones
Pretérito Perfecto	**Pretérito Indefinido**	**P. Pluscuamperfecto**	**P. Imperfecto**
Cuando la acción se sitúa muy próxima al presente o no se indica cuándo ocurre.	Cuando la acción está alejada del presente.	Cuando es una acción pasada anterior a otra también pasada.	1. Describir algo pasado. 2. Evocar una actividad pasada.
• ¿**Has terminado** el trabajo? – Sí, lo **he terminado** esta mañana.	En 1986 **estudié** en la academia ECO.	En 1986 empecé a estudiar francés, pero antes ya **había estudiado** inglés.	1. ECO **era** una academia de idiomas. 2. **Estaba** en el Departamento de Márketing. **Colaboraba** en la captación de clientes.

b. Completa el diálogo con la forma correcta de los verbos.

• Veo en su currículum que .... (trabajar) en una empresa de la construcción.
– Sí, ... (estar) en Promotoras Gómez entre 1998 y 2001.
• ¿Y qué .... (hacer)?
– .... (Estar) en contabilidad. .... (Llevar) los papeles, ... (hacer) los pagos.
• ¿Y estuvo haciendo unas prácticas en una imprenta?
– Sí, sí. En 1997 .... (estar) en Printensa. En realidad dos años antes ya .... (estar) trabajando allí en verano.
• ¿Y qué .... (hacer) allí exactamente?
– ¿Durante las prácticas? Pues sobre todo .... (ayudar) al técnico a programar las máquinas, ... (revisar) las pruebas de impresión.
• ¿Y nunca .... (trabajar) en una empresa como esta?
– Huy, sí. En 1982 .... (estar) en Transjose que .... (ser) una empresa de transporte por carretera. Allí .... (estar) en el Departamento de Importaciones. Además, cinco años antes .... (estar) en Mudanzas López. .... (Trabajar) en el Departamento de Cobros. Principalmente .... (hacer) las facturas.
• O sea, que tiene una larga experiencia.

Gramática D

Contraste de pretéritos. Pretérito de *ESTAR* + gerundio

c. Escucha estos diálogos y completa las fichas.

Experiencia en: ....
En el Departamento de: ....
Actividad: ....

Experiencia en: ....
En el Departamento de: ....
Actividad: ....

d. Piensa en dos ocupaciones que has tenido y explica cómo era la empresa y qué hacías allí.

NOMBRE DE LA EMPRESA:
Actividades y descripción de la empresa:
Puesto de trabajo:
Actividades realizadas:

NOMBRE DE LA EMPRESA:
Actividades y descripción de la empresa:
Puesto de trabajo:
Actividades realizadas:

Observa y completa las frases con el Pretérito Indefinido o el Imperfecto de ESTAR.

Pretérito Indefinido de *ESTAR* + gerundio	Pretérito Imperfecto de *ESTAR* + gerundio
Expresa una acción pasada que se desarrolló a lo largo de bastante tiempo, pero que ya ha terminado.	**Expresa una acción pasada que ya había comenzado antes de cierto momento y siguió realizándose después.**
Estuve estudiando portugués durante varios años.	*Estaba estudiando en la universidad cuando te conocí.*

1. ¿Cuánto tiempo (tú) .... trabajando en esa empresa?
2. Durante mi estancia en Madrid, ... viviendo en un pequeño apartamento.
3. ¿Dónde (tú) .... trabajando cuando te casaste?
4. En aquel momento (nosotros) .... decidiendo quién podría hacer el trabajo.
5. (Yo) .... haciendo varias entrevistas, pero no me gustó ningún candidato.
6. Cuando me llamaste, (yo) .... hablando por el móvil.

Expresión oral E
Hablar de trabajo. Realizar una entrevista

1 ¿Qué características son esenciales para encontrar un puesto de trabajo?

a. Clasifica estas características.

optimismo • iniciativa • inteligencia • vestimenta apropiada • facilidad de expresión y comunicación • individualista • persona conflictiva y agresiva • gente colaboradora • estudios de acuerdo con el puesto • puntualidad • capacidad de aprendizaje • responsabilidad • lenguaje correcto • estudios por encima del nivel exigido • gente que busca soluciones • corrección en el vestir y la higiene

Formación y aptitudes

Personalidad

Imagen e impresión global

b. Elige un anuncio de la sección "Léxico" de la página 48 y discute con tu compañero las siete características más importantes de un candidato para ese puesto.

2 La entrevista de trabajo.

a. Clasifica estas otras preguntas de acuerdo con la información que crees que se quiere obtener.

1. ¿Qué conoce de esta empresa?
2. ¿En qué otros empleos ha trabajado?
3. ¿Ha puesto en marcha alguna iniciativa?
4. ¿Qué cursos de formación ha realizado?
5. ¿Qué responsabilidades tenía en otras empresas?
6. ¿Por qué le gustaría este trabajo y no otro?
7. ¿Qué problemas tuvo en sus anteriores empleos y cómo los solucionó?
8. ¿Cuáles son sus puntos fuertes y sus puntos débiles?
9. ¿Qué ha estudiado?
10. ¿Por qué cree que podría hacer bien este trabajo?
11. ¿Qué idiomas habla?
12. ¿Por qué quiere cambiar de empleo?
13. ¿Le gustaría completar su formación?
14. ¿Qué busca en esta empresa?
15. ¿Cuál ha sido la situación más tensa que ha vivido profesionalmente?
16. ¿Dónde se ve dentro de 4 años?

Experiencia profesional y formación	Expectativas profesionales y compromiso con la empresa	Adaptabilidad y creatividad	Liderazgo y responsabilidad
	¿Qué conoce de esta empresa?		

b. Haz con tu compañero una entrevista de trabajo a otros dos compañeros de clase para seleccionar al mejor candidato del anuncio elegido.

Expresión escrita F
El currículum vitae. La carta formal

El currículum vitae.

a. Redacta tu currículum vitae siguiendo este modelo. Puedes ver un ejemplo en la primera página de esta unidad.

PARTES DE UN CURRÍCULUM

Datos personales.
- Nombre y apellidos.
- Dirección: calle, número, piso, ciudad y distrito postal.
- Teléfono: preferiblemente dos, el particular y otro de contacto.
- Dirección de correo electrónico.

Formación académica.
- Título. Centro. Ciudad. Fechas de inicio y fin.

Cursos de formación.
- Título, fecha, institución.
- Idiomas.
- Otras actividades de formación.

Experiencia laboral.
- Nombre de la empresa. Fechas de permanencia. Sector.
- Denominación del puesto.

Otros datos de interés.
- Movilidad geográfica y laboral.
- Carné de conducir.
- Posesión de vehículo propio, etc.

La carta de presentación.

a. Lee y observa esta carta formal.

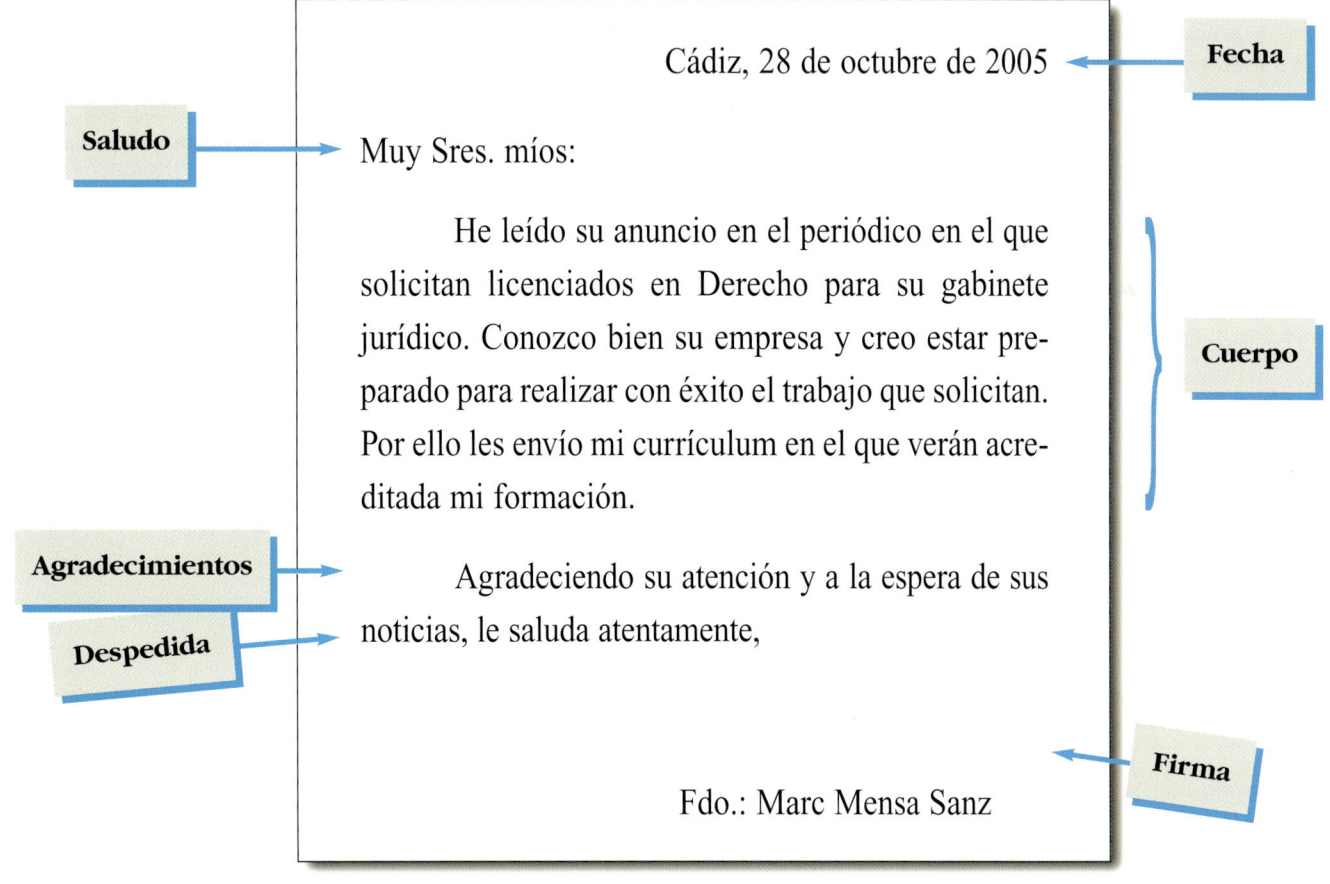

Cádiz, 28 de octubre de 2005 ← **Fecha**

Saludo → Muy Sres. míos:

He leído su anuncio en el periódico en el que solicitan licenciados en Derecho para su gabinete jurídico. Conozco bien su empresa y creo estar preparado para realizar con éxito el trabajo que solicitan. Por ello les envío mi currículum en el que verán acreditada mi formación. } **Cuerpo**

Agradecimientos → Agradeciendo su atención y a la espera de sus

Despedida → noticias, le saluda atentamente,

Fdo.: Marc Mensa Sanz ← **Firma**

Saludo:	Muy Sr./es. mío/s, Sr. Director/a, Distinguido/a señor/a, Estimado/a señor/a...
Agradecimientos:	Agradeciendo su atención, Agradezco su atención, Le/s doy las gracias por anticipado...
Conclusión:	A la espera de sus noticias, En espera de su respuesta, Esperando su respuesta...
Despedida:	(Le/les saluda) Atentamente / Cordialmente, Reciba un cordial saludo,...

b. Elige un anuncio de trabajo de la sección "Léxico" y escribe una carta para ofrecer tu colaboración.

Mundo hispano
Empresas hispanas en el mundo

1 Lee el siguiente texto y completa el cuadro.

Domingo, 25 mayo de 2005 – Nº 2100

Negocios

LAS TRES EMPRESAS HISPANAS MÁS PRÓSPERAS

El Corte Inglés comenzó en 1935 con una pequeña tienda en la calle Preciados de Madrid, pero pronto se convirtió en el primer centro comercial de España según el concepto de tienda por Departamentos, abriendo centros en casi todas las Comunidades Autónomas. Paralelamente, se fueron creando las distintas empresas que hoy conforman el grupo de empresas de El Corte Inglés: Hipercor, Viajes El Corte Inglés, Informática El Corte Inglés, Seguros El Corte Inglés, Construcción, Promociones e Instalaciones, S.A., etc. En 2001 inició su expansión internacional con la inauguración en Lisboa de su primer centro comercial en el extranjero y el mayor de todos los que tiene la cadena. Actualmente es la mayor empresa de distribución comercial en España.

Telefónica
La empresa española Telefónica es uno de los líderes mundiales del sector de las telecomunicaciones. Es el operador de referencia en los mercados de habla hispana y portuguesa y el sexto operador del mundo.

Su actividad se centra fundamentalmente en los negocios de telefonía fija y telefonía móvil, con la banda ancha como herramienta clave para el desarrollo de ambos negocios. Tiene una fuerte presencia en Latinoamérica, donde actúa en ocho países (Brasil, México, Argentina, Perú, Chile, El Salvador, Guatemala y Puerto Rico) con una clara estrategia de crecimiento. La base de clientes del Grupo Telefónica en el mundo supera los 100 millones.

Telefónica es una empresa totalmente privada. Cuenta con casi 1,7 millones de accionistas y su capital social está dividido en acciones que cotizan en las bolsas más importantes del mundo. Sus filiales Telefónica Móviles, TPI (Telefónica Publicidad e Información) y Terra Lycos también cotizan en bolsa.

Repsol YPF es una empresa hispano-argentina de petróleo y gas, con actividades en 28 países y líder en España y Argentina. Es una de las diez mayores petroleras privadas del mundo y la mayor compañía privada energética en Latinoamérica. Tiene nueve refinerías, cinco de ellas en España, tres en Argentina y una en Perú. Además, posee participaciones en otra refinería en Argentina y dos en Brasil. Comercializa sus productos petrolíferos a través de una amplia red de más de 6.600 puntos de venta distribuidos en Europa y Latinoamérica. Además, distribuye gas natural a más de 8,7 millones de clientes en España y Latinoamérica, de los cuales más de 4 están en Latinoamérica.

Empresa	Actividad que realiza	Lugares de actuación	Compañías del grupo

2 Imagina que buscas trabajo. ¿En cuál de estas empresas te gustaría trabajar? ¿Por qué?

Ya conoces

A B C D E F

1

a. Las expresiones para manejarse en una entrevista de trabajo:

¿Qué ha estudiado?	¿Por qué quiere cambiar de empleo?
¿En qué otros empleos ha trabajado?	¿Qué busca en esta empresa?
¿Qué responsabilidades tenía en otras empresas?	¿Cuáles son sus puntos fuertes y sus puntos débiles?
¿Ha puesto en marcha alguna iniciativa?	¿Dónde se ve dentro de 4 años?
¿Qué problemas tuvo en sus anteriores empleos y cómo los solucionó?	¿Qué conoce de esta empresa?
¿Cuál ha sido la situación más tensa que ha vivido profesionalmente?	¿Por qué cree que podría hacer bien este trabajo?
¿Qué idiomas habla?	¿Por qué le gustaría este trabajo y no otro?
¿Qué cursos de formación ha realizado?	¿Le gustaría completar su formación?

2

a. Las profesiones: el/la administrativo/a, el/la arquitecto/a, el/la asesor/-a (financiero, laboral,...), el/la camarero/a, el/la contable, el/la dependiente/a, el/la programador/-a, el/la abogado/a, el/la veterinario/a, el/la arquitecto/a, el/la guía turístico/a, el/la periodista, el/la profesor/-a, el/la informático/a, el/la médico/a, etc.

b. Los requisitos de los puestos de trabajo: la buena presencia, la capacidad de organización, el currículum vitae, ser diplomado/a en..., el don de gentes, la entrevista, la experiencia mínima en el sector de..., las ganas de trabajar, ser graduado/a, el idioma, ser licenciado/a en..., el permiso de conducir, la posibilidad de movilidad geográfica, ser profesional con experiencia, etc.

c. La oferta de la empresa: la formación a cargo de la empresa, la incorporación inmediata, la promoción interna, el salario (fijo o negociable), el contrato mercantil, el contrato temporal o indefinido, los incentivos, etc.

3

a. El Pretérito Pluscuamperfecto:

Usos
Expresar una acción pasada anterior a otra también pasada:
Cuando me matriculé, yo ya había terminado dos carreras anteriores.

Forma		
Pretérito Imperfecto de haber + participio		
yo	había	
tú	habías	
él, ella, usted	había	hablado
nosotros, as	habíamos	vivido
vosotros, as	habíais	dicho
ellos, ellas, ustedes	habían	

b. Los usos del pasado:

Contraste de pretéritos			
Acontecimientos			Situaciones
Pretérito Perfecto	Pretérito Indefinido	P. Pluscuamperfecto	P. Imperfecto
Cuando la acción se sitúa muy próxima al presente o no se indica cuándo ocurre.	Cuando la acción está alejada del presente.	Cuando es una acción pasada anterior a otra también pasada.	1. Describir algo pasado. 2. Evocar una actividad pasada.
• ¿**Has terminado** el trabajo? – Sí, lo **he terminado** esta mañana.	En 1986 **estudié** en la academia ECO.	En 1986 empecé a estudiar francés, pero antes ya **había estudiado** inglés.	1. ECO **era** una academia de idiomas. 2. **Estaba** en el Departamento de Márketing. **Colaboraba** en la captación de clientes.

6 ¿Quieren ver el piso?

1

Unos amigos están buscando piso.

a. Escucha el diálogo y marca el anuncio al que corresponde.

INMOBILIARIA ALQUILER
MADRID
201
PISOS/APARTAMENTOS

GRAN VÍA. C/. Leganitos, piso 118 m², 3 dormitorios, salón, cocina amueblada, baño completo, 2 terrazas, 1ª planta, portero automático. Precio: 800 €.

CHAMARTÍN. C/. Mauricio Lengendre, edificio lujo, apartahotel, conserjería 24 h., piscinas, gran portal, 4 ascensores, centralita, estudio amueblado, exterior, terraza, cocina independiente. Precio: 600 €.

CHAMBERÍ. Apartamento de 40 m², 1 dormitorio, salón, cocina amueblada, baño completo, 4ª planta interior, luminoso, reformado, calefacción central, portero, ascensor, junto metro. Gastos de comunidad incluidos. Enseña portero. Precio: 600 €.

CARTAGENA. Avda. América, 2 dormitorios, 2 cuartos de baño, cocina con electrodomésticos, amueblado, exterior, calefacción central y aire acondicionado, teléfono, portero físico, ascensor, garaje opcional. Gastos de comunidad incluidos. Precio: 540 €.

CASTELLANA. Plaza Castilla, muy cerca del metro y autobuses, estudio exterior con mirador, 4ª planta, amueblado, en edificio de nueva construcción, lavadora, portero físico. Precio: 540 €.

OTRAS PROVINCIAS

b. ¿Qué electrodomésticos tiene la cocina?

- ☐ Lavadora.
- ☐ Lavavajillas.
- ☐ Nevera.
- ☐ Microondas.
- ☐ Vitrocerámica.
- ☐ Pequeños electrodomésticos.

c. ¿Qué aparato es el más interesante para Isabel? ¿Por qué?

d. ¿Cómo es el contrato de alquiler? Di si es verdadero (V) o falso (F).

- ☐ De un año prorrogable.
- ☐ No se puede cancelar antes del año.
- ☐ Hay que pagar dos meses de fianza.
- ☐ Están incluidos todos los gastos.

e. ¿Qué recibos están incluidos?

- ☐ La comunidad.
- ☐ La luz.
- ☐ El agua.
- ☐ El teléfono.
- ☐ La calefacción.

Comprensión y práctica A
Alquilando un piso

¿Cómo es el piso? Relaciona.

a. El piso...
b. Las habitaciones...
c. La cocina...
d. Los baños...
e. El garaje...

1. tienen armarios empotrados.
2. está amueblado.
3. son completos.
4. es opcional
5. está equipada.

¿Cómo es el contrato de alquiler? Relaciona.

a. Hay que pagar dos meses de renta en concepto de...
b. Pueden...
c. Deben avisar con 15 días de...
d. Están incluidos los gastos de...
e. Es prorrogable por...

1. un año.
2. antelación.
3. fianza.
4. rescindirlo antes del final.
5. comunidad.

Marca la respuesta correcta para cada pregunta.

a. ¿Alquilan los protagonistas el garaje?
- ☐ Sí, porque va incluido en el precio.
- ☐ No, porque no tienen coche.
- ☐ No se deciden.

b. ¿Tienen que decidirse pronto?
- ☐ Sí, porque hay más personas interesadas.
- ☐ No, pueden pasar por la agencia cuando quieran.
- ☐ No, no hace falta firmar hoy mismo.

Entre los anuncios de pisos de la página anterior, ¿cuál elegirías tú? ¿Por qué?

SERVICIOS   EL TIEMPO   DEPORTES   SOCIEDAD   HORÓSCOPO   SUCESOS   NACIONAL   INTERNACIONAL   CULTURA   OPINIÓN

cadena (((ECO)))

BUSCAR

◄ PROGRAMACIÓN ►

- CURSOS
- VIAJES
- SALUD
- CINE
- ONU
- COMPRAS
- BODAS
- DIARIOS

Hoy por hoy

LA SEMANA FANTÁSTICA

Todo para el hogar a los mejores precios.

No se pierda la oportunidad y ponga su casa como siempre soñó.

Bulevar Comercial

Lo que hay que oír

- ☐ Muebles
- ☐ Vajillas
- ☐ Mantelerías
- ☐ Electrónica
- ☐ Cuberterías
- ☐ Ropa de cama
- ☐ Cristalerías
- ☐ Electrodomésticos

(((((**Lo que hay que hacer**)))))

a. Escucha la grabación y marca en "Lo que hay que oír" en qué artículos hay descuentos.

b. Completa el cuadro.

Artículo	Material	Precio anterior	Precio rebajado
Juego de toallas			
	porcelana		
		70 euros	

c. ¿Cuáles son las fechas de la oferta?

Léxico B

Anuncios de viviendas

1 Elegir una vivienda.

a. Relaciona.

- **PISO** — vivienda unifamiliar con jardín.
- **ADOSADO** — chalé unido a otro.
- **APARTAMENTO** — vivienda de varias habitaciones en un edificio.
- **DÚPLEX** — vivienda que tiene dos pisos comunicados por una escalera interior.
- **ÁTICO** — piso pequeño, de un solo dormitorio.
- **ESTUDIO** — piso de una sola habitación que se usa para trabajos creativos y a veces como vivienda.
- **CHALÉ** — último piso de un edificio, generalmente de techo más bajo que los demás.

b. ¿Qué tipo de vivienda prefieres? ¿Por qué?

2 Buscando vivienda. Anuncios.

a. Lee los siguientes anuncios personales y subraya las palabras relacionadas con los tipos de viviendas y sus características.

A. Busco apartamento céntrico en Zaragoza para alquilar a partir de septiembre. Preferiblemente amueblado. Máximo alquiler mensual de 500 euros.
marcos@hotmail.com

B. Estoy buscando ático en Madrid capital, con buenas vistas y bien comunicado.
gabri76@hotmail.com

C. Estudiantes universitarios buscamos piso en alquiler para curso 04/05. Preferible zona universitaria. 645736987 o yrueda@msn.com

D. Pareja joven busca adosado. Zona del Alt Camp, preferiblemente amueblado, con garaje y trastero. Precio máximo a pagar 1000 €. 600 254 854

E. Se alquila ático en Madrid. Muy buenas vistas. Luminoso. 800 euros negociables. Cercano al hospital Doce de octubre, bien comunicado. 687451054

F. Se alquila chalé en Santiago de Compostela, zona del estadio. 5 habitaciones, cocina, baño, aseo, salón, armarios empotrados. Con garaje. Contactar 689745123

Se alquila chalé en Cádiz a 5 min. playa Victoria, 3 hab. piscina, cocina equipada y amueblado para 6 personas. Se alquila por quincenas. 687547802. ¡Nuevo!

G. Se alquila dúplex céntrico en Almería para los meses de verano. Exterior, amueblado, 3 dormitorios, 2 ascensores, portero, piscina. Precio 600 euros. 625783779.

H. Piso céntrico en Barcelona, amueblado, 3 habitaciones, amplio salón, 2 cuartos de baño, gran terraza, calefacción central y piscina. Se alquila por semanas o por meses. 689493691 preguntar por Andrés.

b. Completa el cuadro con el léxico de los anuncios anteriores.

	Tipo de vivienda	Características de la vivienda	Ubicación
A.	Apartamento	Amueblado	Céntrico
B.			
C.			
D.			
E.			
F.			
G.			
H.			

Comprensión lectora C
Las facturas domésticas

Alquilar un piso. Algunas ideas a la hora de contratar los suministros.

consumer
revista.consumer.es

nº 100   febrero 2005   ongi etorri   benvingut   benvido   mapa web   escríbenos   consumer

Saber contratar el suministro de servicios, una clave para poder ahorrar

Aquí le presentamos algunas pistas que puede seguir para ahorrarse dinero en las facturas domésticas. Saber contratar los servicios que necesita es la mejor opción.

ELECTRICIDAD
El coste de la factura depende de la potencia contratada, del consumo que realice (aunque siempre hay un mínimo) y del coste por el alquiler de los aparatos de medida. Elegir una potencia baja le ayudará a pagar menos, pero, atención, si la potencia es muy baja, no podrá utilizar varios aparatos al mismo tiempo.

GAS
La factura depende del consumo, aunque siempre hay un consumo mínimo, tanto si gasta como si no. Existen dos modalidades de pago: bien paga cada dos meses lo que ha consumido, bien paga todos los meses una cantidad fija que es el promedio de gasto anual dividido en doce facturas.

TELÉFONO
Las tarifas, a diferencia de lo que ocurre con las eléctricas y las del gas natural, varían de una compañía a otra. Dependiendo del tipo de llamada y la empresa contratada, ahorraremos hasta un 50% en el precio de algunas conexiones. En la mayoría de los recibos de las diversas operadoras hay una parte fija y otra que depende del consumo. Cada empresa ofrece sus propias fórmulas de descuento. Si, además, se ha contratado algún otro servicio (contestador automático, llamada a tres, llamada en espera...), también se puede pagar un suplemento.

AGUA
No se puede elegir compañía, hay una sola por cada ciudad. Por tanto, el ahorro en esta factura está ligado a un uso racional del agua. La factura se divide en bloques y el precio del agua aumenta a medida que se supera cada bloque, es decir, se penaliza por el uso excesivo del agua. En cualquier caso, también se abona una cuota fija.

Revista *Consumer* (texto adaptado)

Buscador:
Búsqueda avanzada

CONSUMER en tu correo electrónico
tu email
Alta   Baja

TODOS LOS ARTÍCULOS DE...

Tema de portada
Análisis de productos
Informe
Salud
Psicología
Miscelánea
Economía doméstica
Entrevista
Medio ambiente
Alimentación
Nuevas tecnologías

a. ¿En qué tipo de facturas se paga una cuota fija además del consumo realizado?
b. ¿De qué depende la cuota fija en el caso de las facturas de la electricidad?
c. ¿En qué factura se penaliza el consumo excesivo? ¿Por qué crees que ocurre esto?
d. ¿En qué facturas no se puede elegir la compañía suministradora? ¿Y en cuál de ellas hay más opciones para elegir?
e. ¿Qué se puede hacer para que la factura sea más baja?
- En la electricidad ....
- En el gas ....
- En el teléfono ....
- En el agua ....

f. En tu país, ¿qué suministro es el más caro? ¿En qué factura sueles pagar más?

Gramática D
Repaso del Imperativo. Perífrasis de obligación

1

a. **Completa el texto con los verbos en Imperativo en la persona "usted".**

TRUCOS PARA AHORRAR

Horno: .... (cerrar) bien el horno durante su uso.

Lavadora: .... (utilizar) programas de lavado a temperaturas bajas. Y .... (cargar) bien la lavadora antes de ponerla en marcha.

Nevera: No .... (poner) dentro alimentos calientes, ... (esperar) a que estén fríos.

Lavavajillas: .... (elegir) un programa según el estado de la vajilla y .... (llenar) el lavavajillas al máximo.

Luz: .... (cambiar) las lámparas normales por otras de bajo consumo.

Calefacción: Durante el día, ... (abrir) las cortinas para que entre la luz y por la noche .... (cerrarlas) para no perder calor.

Agua caliente: .... (instalar) el calentador de agua dentro de la vivienda y cerca de los sitios donde se usa agua caliente: cocina y cuarto de baño.

b. **Observa y responde a las preguntas según el modelo.**

1. ¿Alquilo este ático?
   Sí, alquílalo.
2. ¿Os ayudo?
   ....
3. ¿Te enseño el apartamento?
   ....
4. ¿Encendemos la luz?
   ....
5. ¿Le doy los documentos? (a usted)
   ....
6. ¿Os devuelvo la fianza?
   ....
7. ¿Pongo el aire acondicionado? ....
8. ¿Me siento aquí? ....
9. ¿Nos ponemos el abrigo? ....

Imperativo + pronombres personales

IMPERATIVO +		
	Reflexivo	Lávate.
	Complemento directo	Cómpralo.
	Complemento indirecto	Dame.
	Reflexivo + Complemento directo	Lávatela.
	Compl. indirecto + Compl. directo	Cómpramelo.

c. **Inventa órdenes o consejos para cada caso. Observa el modelo.**

1. Un agente inmobiliario a un cliente. *Decídase pronto. / Pásese esta tarde por la agencia.*
2. Un padre o una madre a sus hijos. ....
3. Un médico a un paciente. ....
4. Un compañero de piso a otro. ....

2

Observa y rellena los espacios con las perífrasis de obligación en 3ª persona.

Perífrasis de obligación

1. Hay que + infinitivo	Expresa una obligación o necesidad de forma impersonal.	*Hay que avisar con antelación.*
2. Tener que + infinitivo	Expresa una obligación o necesidad de forma personal.	*Tendrían que pagar la fianza.*
3. Deber + infinitivo		*Deben pagar la luz y el teléfono.*

USO ADECUADO DEL APARATO DE AIRE ACONDICIONADO

1. .... (Utilizar) siempre el interruptor para encender y apagar. Además, no .... (encender) y apagar el aparato frecuentemente.
2. .... (ser) cuidadoso con el cable, no .... (tirar) de él para desconectarlo.
3. .... (Abrir) de vez en cuando las puertas y las ventanas para renovar el aire.
4. Para limpiarlo, ... (desenchufar) el aparato. Además, no .... (echarle) agua directamente.
5. .... (Limpiar) el filtro de aire una vez cada dos semanas.
6. No .... (exponerse) directamente a la salida del aire.

Gramática D

Oraciones finales y condicionales. *YO QUE TÚ* + Condicional

Observa y transforma las frases como en el ejemplo.

Expresar finalidad	
Para + infinitivo **Para que + Subjuntivo**	*No tenemos tiempo para ver cómo funciona todo.* *Pulse aquí para que se encienda el aparato.*

1. Alquila el local para poner un negocio. (Tú) — *Alquila el local para que pongas un negocio.*
2. No tenemos tiempo para ver cómo funciona todo. (Usted) ....
3. Esta habitación es perfecta para poner un despacho. (Vosotros) ....
4. El piso está preparado para entrar a vivir. (Nosotras) ....
5. Este interruptor sirve para encender el aparato. (Ustedes) ....

Relaciona para formar frases condicionales.

		Expresar condición
Si + Presente	**Presente** **Futuro** **Imperativo**	*Si traen los documentos, podemos firmar ahora.* *Si alquilamos el piso, tendremos aire acondicionado.* *Si quiere más temperatura, gire esta rueda.*

a. Si se rompe algo,… ① el dueño podrá rescindir el contrato.
b. Si el inquilino no paga la renta,… ② lo tiene que pagar el inquilino.
c. Si también decide alquilar el garaje,… ③ el precio será un poco más caro.
d. Si el apartamento es céntrico,… ④ otras personas se quedarán con el chalé.
e. Si pasan por la agencia,… ⑤ podemos firmar el contrato hoy mismo.
f. Si no se deciden pronto,… ⑥ podré ir al trabajo andando.

Observa y forma frases como en el ejemplo.

APARATO DE AIRE ACONDICIONADO: ANTES DE LLAMAR AL SERVICIO TÉCNICO		
PROBLEMA	**POSIBLE CAUSA**	**SOLUCIONES**
No funciona.	No está conectado.	Enchúfelo.
Hace ruido.	Hay partes flojas.	Apriete bien los tornillos.
No enfría o enfría poco.	• El filtro está sucio. • Hay algo delante de la salida del aire. • Hay alguna puerta o ventana abierta de la habitación. • La potencia no es suficiente.	• Limpie el filtro. • No ponga objetos delante de la salida. • Ciérrelas. • Consulte a su distribuidor.

Ponerse en lugar de otro
Yo que tú / usted,   **Yo en tu / su lugar,** + Condicional
Yo que usted, lo dejaría siempre en esta posición.   *Yo en su lugar, lo decidiría pronto.*

• *Si no funciona, a lo mejor está desconectado. Yo que usted lo enchufaría a la corriente.*
• ....
• ....
• ....
• ....

Expresión oral E
Problemas y soluciones. Cambiar de casa

1 En la oficina de atención al consumidor. Estos son lo consejos que les dan.

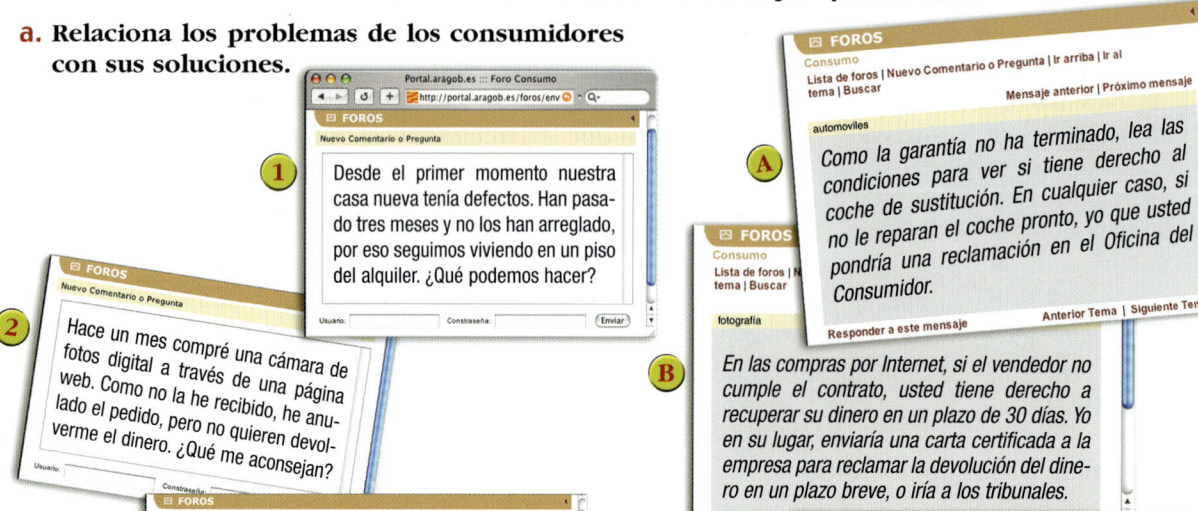

a. Relaciona los problemas de los consumidores con sus soluciones.

1. Desde el primer momento nuestra casa nueva tenía defectos. Han pasado tres meses y no los han arreglado, por eso seguimos viviendo en un piso del alquiler. ¿Qué podemos hacer?

2. Hace un mes compré una cámara de fotos digital a través de una página web. Como no la he recibido, he anulado el pedido, pero no quieren devolverme el dinero. ¿Qué me aconsejan?

3. En octubre me compré un coche nuevo. En estos dos meses ha tenido muchas averías. Ahora lleva más de dos semanas en el taller pero no me han dejado un coche de sustitución. ¿Qué puedo hacer?

A. automoviles
Como la garantía no ha terminado, lea las condiciones para ver si tiene derecho al coche de sustitución. En cualquier caso, si no le reparan el coche pronto, yo que usted pondría una reclamación en el Oficina del Consumidor.

B. fotografía
En las compras por Internet, si el vendedor no cumple el contrato, usted tiene derecho a recuperar su dinero en un plazo de 30 días. Yo en su lugar, enviaría una carta certificada a la empresa para reclamar la devolución del dinero en un plazo breve, o iría a los tribunales.

C. vivienda
Según la ley, la empresa constructora debe reparar los daños. Si usted tiene que vivir de alquiler hasta la entrega de la casa, puede pedir el importe de las rentas pagadas por el alquiler.

b. Tienes estos problemas u otros parecidos. Explícalos y tus compañeros te aconsejan.

- En el piso de arriba vive una familia con niños y hacen mucho ruido.
- Me robaron el coche cuando estaban reparándolo en el taller.
- El aparato de aire acondicionado de mi vecino hace ruido y produce calor.

Pedir consejo	Dar consejo
- No sé qué hacer. ¿Tú qué harías? - ¿Qué harías en mi lugar? - ¿Qué me aconsejas?	- **Con Imperativo** - **Con perífrasis de obligación** - **Con Condicional** Yo en tu lugar, Yo que tú, + Condicional

2 ¿Nos cambiamos de casa?

a. Elige una de estas situaciones:

- Compartes con 5 compañeros un piso pequeño, de tres habitaciones y cuesta 650 euros mensuales.
- Vives con tus compañeros en un chalé a las afueras de la ciudad. Tardas una hora en llegar a tu centro de trabajo o de estudios.
- Vives con tus compañeros en un piso antiguo y los electrodomésticos no funcionan bien. El dueño no quiere cambiarlos y el alquiler es caro.
- Compartes un dúplex en el centro de la ciudad. Es muy ruidoso.

b. Haz una descripción de la vivienda que necesitas. ¿Cómo tiene que ser? ¿Qué debe tener?

c. Elige una de estas ofertas.

Piso céntrico, amueblado. 5 habitaciones y 2 baños. Junto a zona de ocio. 700 + gastos de comunidad. leticiag@hotmail.es

Dúplex de lujo. Piscina y yacuzzi. Junto a estación de metro. 3 habitaciones, salón, cocina y dos baños. 1200 euros. 659952140

Piso amplio en edificio antiguo. Interior. 5° piso sin ascensor. Vacío. Céntrico. 560 euros. 91.422.33.58

Chalé adosado, a 25 km del centro. Bien comunicado. Completamente amueblado. Electrodomésticos nuevos. 600 alquilacasa@hotmail.com.

Ático, 2 habitaciones. Bien comunicado. Semiamueblado. Luminoso. 800 euros 644353614

d. Discute con tus compañeros qué piso alquilar y por qué.

Expresión escrita F
Los anuncios personales

Redactar un anuncio por palabras.

a. Observa los anuncios y clasifícalos.

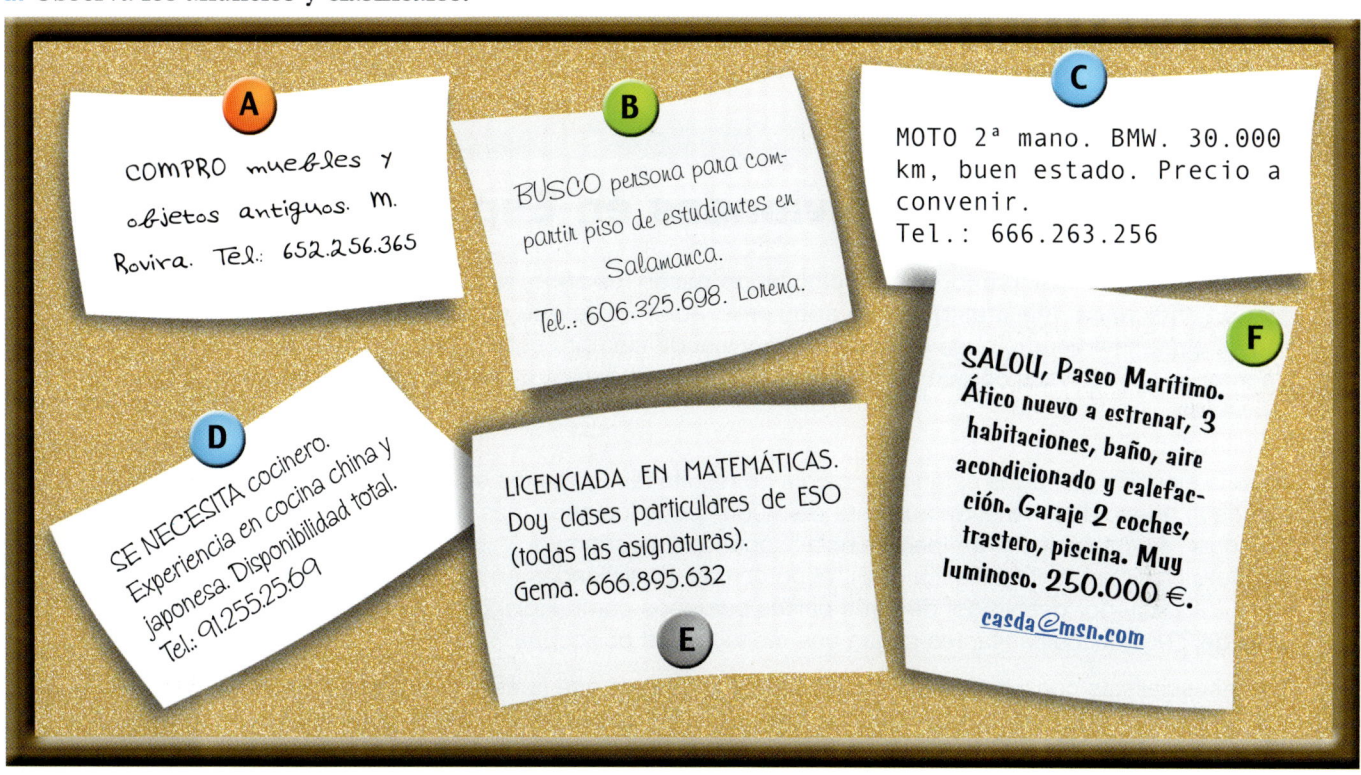

A — COMPRO muebles y objetos antiguos. M. Rovira. Tel.: 652.256.365

B — BUSCO persona para compartir piso de estudiantes en Salamanca. Tel.: 606.325.698. Lorena.

C — MOTO 2ª mano. BMW. 30.000 km, buen estado. Precio a convenir. Tel.: 666.263.256

D — SE NECESITA cocinero. Experiencia en cocina china y japonesa. Disponibilidad total. Tel.: 91.255.25.69

E — LICENCIADA EN MATEMÁTICAS. Doy clases particulares de ESO (todas las asignaturas). Gema. 666.895.632

F — SALOU, Paseo Marítimo. Ático nuevo a estrenar, 3 habitaciones, baño, aire acondicionado y calefacción. Garaje 2 coches, trastero, piscina. Muy luminoso. 250.000 €. casda@msn.com

○ ○ Venta / alquiler de vivienda

○ ○ Comprar / vender

○ ○ Oferta / demanda de trabajo

b. Observa este anuncio y redacta uno parecido para el texto siguiente.

- **Situación** → SALOU, Paseo Marítimo.
- **Descripción** → Ático nuevo a estrenar, 3 habitaciones, baño, aire acondicionado y calefacción. Garaje 2 coches, trastero, piscina. Muy luminoso.
- **Precio** → 250.000 €.
- **Contacto** → casda@msn.com

Quiero vender un piso que está en Barcelona, en el barrio de La Sagrera, al final de la Avenida Meridiana. El edificio hace esquina y está bien conservado. El piso tiene unos 70 m2 y tiene cuatro habitaciones, dos de ellas exteriores, un cuarto de baño que necesita reforma, una cocina con terraza, que también necesitaría una reforma y un salón comedor. Le da el sol por las tardes y, como es un quinto piso, no tiene demasiado ruido. Además, hay dos ascensores y acceso para minusválidos. Pido 300.000 euros. Las personas que estén interesadas pueden llamar al teléfono 93.200.36.25 y preguntar por Cristina.

c. Elige un tema y redacta un anuncio para colgarlo en el tablón de la clase.

Mundo hispano
La vivienda en España

1 Lee el siguiente texto y marca si es verdadero (V) o falso (F).

consumer
revista.consumer.es

nº 101 — marzo 2005 — ongi etorri — benvingut — benvido — mapa web — escríbenos — consumer

Alquiler de viviendas en España

"El piso hay que comprarlo, porque alquilando pasan los años, te quedas sin el dinero y no tienes nada, mientras que si lo adquieres, además de que un día acabará siendo tuyo, estás invirtiendo, pues el precio de la vivienda siempre sube". Esta podría representar la opinión más común de un español ante la duda entre alquilar o comprar una vivienda.

Pero la elección (los pisos están muy caros) no resulta fácil y menos en un país como éste, donde el precio de la vivienda aumenta de media todos los años más del 10%, y en el que el hogar es un símbolo de pertenencia, seguridad económica y estabilidad. Según el Instituto Nacional de Estadística (INE), el porcentaje de viviendas en alquiler en España es del 14%, muy por debajo del de otros países europeos como Holanda o Alemania, donde más del 50% de los habitantes pagan una mensualidad por ocupar su vivienda.

Los especialistas consultados por **CONSUMER** entienden que la escasa oferta de alquileres en España responde a muy diversas razones, pero coinciden en que la poca tradición de alquilar, unida a la gran importancia que se da a la propiedad desequilibran la balanza en favor de la opción de compra. Otro factor que favorece la compra en contra del alquiler es la "escasa y mala oferta" de pisos en régimen de alquiler.

CONSUMER ha investigado cuánto cuesta el alquiler de viviendas de 70 y 120 m², las dimensiones más demandadas, en trece ciudades españolas. Y la conclusión es que los alquileres más caros se encuentran en Barcelona, Madrid, Bilbao, Vitoria y San Sebastián, precisamente las mismas en que el precio de la vivienda muestra la curva ascendente más pronunciada, y los más económicos en Alicante, Castellón, Valencia y Murcia.

Revista *Consumer* (texto adaptado)

Buscador:
Búsqueda avanzada
CONSUMER en tu correo electrónico
tu email
Alta — Baja
TODOS LOS ARTÍCULOS DE...
Tema de portada
Análisis de productos
Informe
Salud
Psicología
Miscelánea
Economía doméstica
Entrevista
Medio ambiente

☐ Los españoles prefieren alquilar una vivienda a comprarla, porque los pisos están muy caros.
☐ Según el INE, los españoles superan al resto de los europeos en alquiler de viviendas.
☐ Los especialistas dicen que en España no se alquila más porque hay poca tradición.
☐ Los españoles prefieren comprar una vivienda a alquilarla.
☐ Los españoles dan mucha importancia a la propiedad, por eso prefieren comprar antes que alquilar.
☐ En España hay poca oferta de viviendas en alquiler y, además, no suelen estar en buen estado.
☐ Los españoles prefieren vivir en pisos no más grandes de 70 m².
☐ Las ciudades donde el precio del alquiler es más alto son las mismas donde el precio de la vivienda es superior.
☐ En Valencia los alquileres son más caros que en Barcelona.

2 Y en tu país, ¿qué es más habitual, comprar o alquilar una vivienda?

3 ¿En qué ciudades o zonas de tu país es más cara la vivienda? ¿Por qué?

Ya conoces

A B C D E F

1.

a. **Las expresiones para pedir y dar consejo:**

Pedir consejo	Dar consejo

- No sé qué hacer. ¿Tú qué harías?
- ¿Qué harías en mi lugar?
- ¿Qué me aconsejas?
	- **Con Imperativo**
	- **Con perífrasis de obligación**
	- **Con Condicional**
	  Yo en tu lugar,
	  Yo que tú, + Condicional

2.

a. **Los tipos de viviendas:** el adosado, el apartamento, el ático, el chalé, el dúplex, el estudio, el piso...

b. **Las características de la vivienda y el alquiler:** el aire acondicionado, el alquiler mensual, amueblado, el armario empotrado, bien comunicado, buenas vistas, la calefacción central, la centralita, céntrico, cercano a, la cocina equipada, la conserjería, el contrato, exterior, los gastos de comunidad incluidos, interior, luminoso, la nueva construcción, el portal, el portero, el portero automático, reformado, etc.

c. **Las partes de la casa:** el ascensor, el aseo, el baño, la cocina, el cuarto de baño, el dormitorio, el garaje, la habitación, el mirador, la piscina, el salón, la terraza, el trastero, etc.

d. **Los aparatos domésticos:** el aire acondicionado, el aparato eléctrico, la calefacción, el calentador, el horno, la lavadora, el lavavajillas, la nevera, los pequeños electrodomésticos, etc.

3.

a. **El uso del Imperativo con los pronombres:**

	Imperativo + pronombres personales	
IMPERATIVO +	Reflexivo	*Lávate.*
	Complemento directo	*Cómpralo.*
	Complemento indirecto	*Dame.*
	Reflexivo + Complemento directo	*Lávatela.*
	Compl. indirecto + Compl. directo	*Cómpramelo.*

b. **Las perífrasis de obligación:**

	Perífrasis de obligación	
1. Hay que + infinitivo	Expresa una obligación o necesidad de forma impersonal.	*Hay que avisar con antelación.*
2. Tener que + infinitivo	Expresa una obligación o necesidad de forma personal.	*Tendrían que pagar la fianza.*
3. Deber + infinitivo		*Deben pagar la luz y el teléfono.*

c. **PARA con infinitivo o Subjuntivo:**

	Expresar finalidad
Para + infinitivo **Para que + Subjuntivo**	*No tenemos tiempo para ver cómo funciona todo.* *Pulse aquí para que se encienda el aparato.*

d. **Las oraciones condicionales:**

		Expresar condición
Si + Presente	Presente Futuro Imperativo	*Si traen los documentos, podemos firmar ahora.* *Si alquilamos el piso, tendremos aire acondicionado.* *Si quiere más temperatura, gire esta rueda.*

7 Nos casamos el día 23

1 Observa estas imágenes y descríbelas.

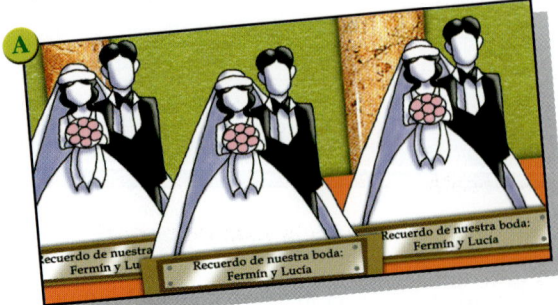

A
B
C ESPECIAL NOVIOS: LUNA DE MIEL EN EL CARIBE
D

2 Estos novios están preparando su boda.

a. Escucha el diálogo y marca qué tradiciones de las bodas van a hacer.

- ○ Casarse por la iglesia.
- ○ Enviar invitaciones.
- ○ Hacer una lista de bodas.
- ○ Comprar recuerdos para los invitados.
- ○ Tirar el ramo de flores a las chicas solteras.
- ○ Ir de viaje de Luna de Miel.
- ○ Tirar arroz a los novios a la salida de la iglesia.
- ○ Organizar una despedida de soltero.
- ○ Comprar los anillos.
- ○ Entregarse las arras en la iglesia.
- ○ Dar un banquete.

b. La invitación de boda no se puede leer bien. Escucha y complétala.

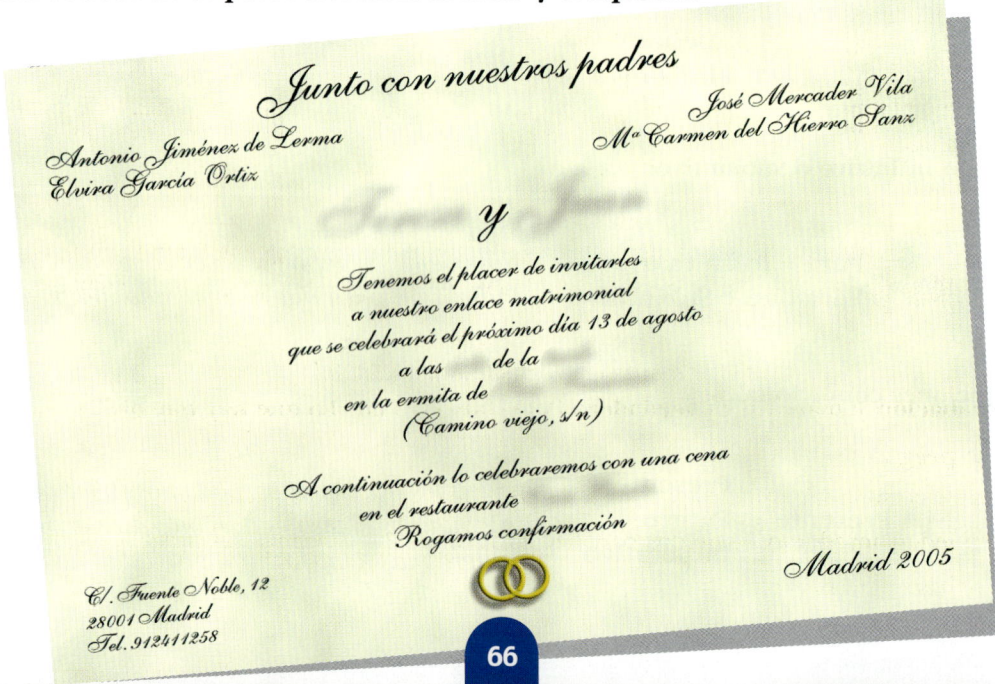

Junto con nuestros padres

Antonio Jiménez de Lerma
Elvira García Ortiz

José Mercader Vila
Mª Carmen del Hierro Sanz

y

Tenemos el placer de invitarles
a nuestro enlace matrimonial
que se celebrará el próximo día 13 de agosto
a las   de la
en la ermita de
(Camino viejo, s/n)

A continuación lo celebraremos con una cena
en el restaurante
Rogamos confirmación

C/. Fuente Noble, 12
28001 Madrid
Tel. 912411258

Madrid 2005

Comprensión y práctica A
Preparando una boda

Fermín está muy ilusionado con todas estas tradiciones, pero Lucía no tanto. ¿Cuáles le gustan a ella?

- ☐ Casarse por la iglesia.
- ☐ Tirar el ramo a la salida de la iglesia.
- ☐ Comprar recuerdos para los invitados.
- ☐ Hacer una lista de bodas.
- ☐ Ir de Luna de Miel.

Para cada pregunta hay una respuesta que no es correcta. Márcala.

a. ¿Por qué quiere Fermín casarse por la iglesia?
- ☐ Porque es una tradición.
- ☐ Porque es más romántico.
- ☐ Porque la ermita de San Miguel es muy bonita.

b. ¿Por qué le gusta a Lucía la lista de bodas?
- ☐ Es práctica.
- ☐ Pueden elegir los regalos que necesitan.
- ☐ En las listas de bodas siempre hay jarrones.

c. ¿Qué ha organizado la madre de Fermín?
- ☐ Los recuerdos para los invitados.
- ☐ La lista de bodas.
- ☐ La fecha de la boda con el cura.

d. ¿A qué sitios están pensando ir de Luna de Miel?
- ☐ A la Islas Baleares.
- ☐ A las Islas Canarias.
- ☐ A Cancún.

e. ¿Por qué Lucía no quiere tirar el ramo a la salida de la iglesia?
- ☐ Porque no le gustan esas tradiciones.
- ☐ Le molesta que la gente lo estropee.
- ☐ Le pone nerviosa que las chicas solteras estén esperando que les tire el ramo.

Explica cómo y dónde fue tu boda o la de algún amigo.

SERVICIOS EL TIEMPO DEPORTES SOCIEDAD HORÓSCOPO SUCESOS NACIONAL INTERNACIONAL CULTURA OPINIÓN

cadena (((ECO)))
◀ PROGRAMACIÓN ▶

BUSCAR

Hoy por hoy

www.portaldebodas.com
El día más feliz de tu vida se merece la mejor organización.

Pulsa aquí

- CURSOS
- VIAJES
- SALUD
- CINE
- ONU
- COMPRAS
- **BODAS**
- DIARIOS

🔊 Lo que hay que oír 👂

- ♥ La página web gestiona restaurantes para los banquetes de bodas.
- ♥ Los invitados pueden comprar regalos para los novios a través de Internet.
- ♥ La página web también da información sobre belleza y decoración.
- ♥ Esta web organiza viajes de Luna de Miel.

(((((**Lo que hay que hacer**)))))

a. Escucha la grabación y marca si es verdadero (V) o falso (F) en "Lo que hay que oír".

b. Contesta a las preguntas.
- ▶ ¿Dónde se seleccionan los regalos para las listas de boda? ....
- ▶ ¿Cuándo pueden acceder los invitados para hacer los regalos? ....
- ▶ ¿De qué temas tratan los artículos que aparecen en la página web? ....

Léxico B

La familia política. La boda

1 La familia política.
Observa el árbol genealógico y responde a las preguntas.

a. ¿Qué nuevos parientes tiene Lucía? Relaciona.

a. Fermín es su...
b. Antonio y Elvira son sus...
c. Maribel es su...
d. Silvia y Marta son sus...

1. cuñada
2. esposo
3. suegros
4. sobrinas

b. ¿Qué relación tienen? Elige las palabras adecuadas y completa las frases.

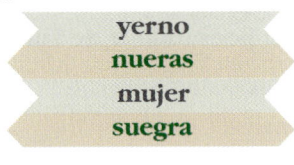

yerno
nueras
mujer
suegra

1. Elvira es la .... de Lucía, Lorena y José Luis.
2. José Luis es el .... de Antonio y Elvira.
3. Lucía y Lorena son las .... de Antonio y Elvira.
4. Lorena es la .... de Ernesto.

2 Bodas originales, algunas ideas.
Lee el texto y complétalo con las palabras y expresiones siguientes.

boda • convite • novios • despedidas de soltero • invitados
Luna de Miel • marcha nupcial • vestido de novia • sí, quiero • tarta nupcial

BODAS ORIGINALES

Si te gusta el buceo, puedes dar el "........................." bajo el agua. Te ahorrarás mucho dinero en el ...., no tienes que comprar ropa especial para ese día y, además, lo harás inolvidable. Otras originalidades son casarse en lugares exóticos, tirándose en paracaídas, en un globo aerostático o en el mismo lugar donde se pasará después la .... y disfrutar de este viaje no sólo en pareja, sino con más personas. Igual de original es celebrar antes de la boda las .... debajo del mar, en un parque temático o practicando algún deporte extremo con todos tus amigos.

Pero además no sólo la celebración puede ser especial, sino también los pequeños detalles. Hay parejas que en lugar de poner las típicas figuras de .... de cerámica encima de la ...., prefieren poner por ejemplo a una "Barbie" y a un "Ken", o a "Marge" y "Homer" de los Simpson.

Algunos novios, en vez de la típica .... al llegar al restaurante, prefieren otro tipo de música, como una canción especial para la pareja. Y si tienes muchos .... y quieres trasladarlos al banquete juntos y evitarles así las molestias del aparcamiento, puedes sorprenderles alquilando un autobús. También es muy original reservar una casa rural para celebrar el ...., el marco puede resultar muy bonito.

El límite en la originalidad que quieras dar a la .... lo debe poner tu imaginación.

ABC (texto adaptado)

Comprensión lectora C
Costumbres de las bodas

Tradiciones de las bodas.
Lee el siguiente texto y completa el cuadro.

Costumbres e innovaciones en las bodas

Existen muchas tradiciones en torno a las bodas, pero muchas personas no conocen su significado. Por ejemplo, la mayoría de las mujeres llevan un ramo de flores porque, según cuenta una leyenda árabe, unas flores de azahar permitieron a la hija de un pobre jardinero de palacio casarse por amor con el príncipe y, desde entonces, la flor del naranjo es sinónimo de felicidad. En la actualidad el ramo puede ser de flores muy diversas. Otra costumbre muy arraigada es la de llevar una alianza. Es una tradición que viene de la antigua Grecia, donde se creía que la vena del dedo de la mano izquierda se comunicaba directamente con el corazón. Hoy, normalmente se lleva en el dedo anular de la mano derecha, ya que es la mano con la que se jura.

En cuanto a la vestimenta de la novia, el color blanco del traje es una superstición creada por los romanos como sinónimo de pureza y de virginidad, aunque hay una tendencia a elegir otros colores claros que no son totalmente blancos. Del mismo modo, la costumbre de que la novia lleve un velo, que protege contra la mala suerte y los celos de otras mujeres, tiene el mismo origen y hoy está en desuso.

Al final de la ceremonia, tirar arroz a los novios a la salida de la iglesia es una costumbre que en Europa se conserva desde la Edad Media. Simboliza el deseo de que los novios tengan muchos hijos. Últimamente se estila también el lanzar pétalos de rosa.

De la antigua Roma viene la tradición del pastel nupcial: los romanos rompían un pan por encima de la cabeza de la novia como símbolo de fertilidad y los invitados recogían las migas y se las comían. Actualmente, el pastel nupcial suele entrar al salón del banquete al ritmo de la marcha nupcial y a continuación los novios toman juntos un cuchillo y le hacen un corte simbólico.

Finalmente, la Luna de Miel es una costumbre que empezó con los antiguos germanos, los cuales solamente celebraban bodas durante la luna llena. Los novios debían beber licor de miel durante los 30 días que seguían a la boda. Hoy en día, luna de miel significa el periodo posterior a la boda y normalmente los novios van de viaje de "Luna de Miel" a lugares exóticos y románticos.

R. Amills y B. Dubcovsky. *Nos casamos*. Ediciones Maeva (adaptado)

Tradición	Origen	Significado	Cambios actuales

¿Hay alguna tradición diferente en tu país?
Explícala.

Gramática D
Pretérito Perfecto de Subjuntivo

1

a. Observa y completa el cuadro.

	Presente de Subjuntivo de *haber* + participio		
	Invitar	**Tener**	**Ir**
yo	haya invitado		
tú		hayas tenido	
él, ella, usted			haya ido
nosotros, as	hayamos invitado		
vosotros, as	hayáis invitado		
ellos, ellas, ustedes	hayan invitado	hayan tenido	

b. Observa y transforma las frases para utilizar el Pretérito Perfecto de Subjuntivo.

Contraste con el Presente de Subjuntivo	
El Presente de Subjuntivo se utiliza para referirse a acciones habituales o acciones futuras.	El Perfecto de Subjuntivo se utiliza para referirse a acciones pasadas.
Espero que compre los regalos. (Deseos o esperanzas) *No creo que vengan al banquete.* (Opinión negativa) *Agradezco a tu madre que nos ayude.* (Dar las gracias)	*Espero que haya comprado los regalos.* (Deseos o esperanzas) *No creo que hayan venido al banquete.* (Opinión negativa) *Agradezco a tu madre que nos haya ayudado.* (Dar las gracias)

1. No creo que se casen por lo civil. ....
2. Espero que las invitaciones lleguen a tiempo. ....
3. Prefiero que no tiren arroz a los novios. ....
4. Agradezco a tu hermano que lleve a la novia en su coche. ....
5. Espero que tu madre no decida también el día de la boda. ....
6. Te agradezco que me invites, pero no puedo ir. ....

c. Observa y reacciona expresando extrañeza, como en el modelo.

> ¡Qué raro que...!
> Me extraña que... } + Subjuntivo
> Me parece raro/extraño que...

1. Pedro no viene a mi boda. — *¡Qué raro que Pedro no venga, porque es muy amigo tuyo, ¿no?*
2. Teresa no me ha invitado a su boda. — *Me extraña que no te haya invitado, porque ella fue a la tuya.*
3. Fermín y Lucía se han ido de Luna de Miel al Caribe. ....
4. Los novios no han puesto lista de boda. ....
5. ¿Sabes que al final se casan por lo civil? ....
6. No han organizado despedida de solteros. ....
7. No dan un banquete después de la boda. ....
8. Ha tirado el ramo a las chicas solteras. ....
9. Celebran la boda en una ermita muy pequeña. ....
10. No sabe cuántos invitados irán al banquete. ....

Gramática D

Expresar hipótesis. Valorar. Verbos con preposición

Las siguientes frases son hipótesis sobre lo que puede ocurrir. Imagina que se hacen hipótesis sobre lo que ha ocurrido. Transforma las frases como en el modelo.

Seguridad	Expresar hipótesis		
−	Es posible que... / Puede que... / Quizás / Tal vez	+ Subjuntivo	Es posible que venga con su novia. Tal vez venga con su novia.
	Tal vez + Indicativo		Tal vez viene con su novia.
+	A lo mejor + Indicativo		A lo mejor viene con su novia.

1. Quizás su madre les acompañe. — *Quizás su madre les haya acompañado.*
2. Es posible que no vayan todos al banquete. ....
3. Puede que no se case en enero. ....
4. Quizás vayan de viaje de novios a Cancún. ....
5. Tal vez envíe invitaciones a los compañeros de trabajo. ....
6. Es posible que celebren el banquete al aire libre. ....

Observa y completa el diálogo con los verbos en Indicativo o en Subjuntivo.

RECUERDA	
Valorar	Ser / estar / parecer + adjetivo o adverbio + que + Subjuntivo
	No es necesario que yo vaya a la boda. *Está bien que tu madre nos haya ayudado.*
Constatar	Ser verdad / cierto que + Indicativo No ser verdad / cierto que + Subjuntivo
	Es verdad que el vestido de novia es feo. *No es verdad que el vestido de novia sea feo.*

Lucía: A lo mejor no es necesario que yo .... a la boda.
Fermín: No digas eso.
Lucía: Es que tu madre lo hace todo.
Fermín: No es verdad que mi madre lo .... todo.
Lucía: ¿Ah, no? Mira, ha hablado con el cura, ha comprado los recuerdos...
Fermín: Es verdad que .... con el cura, pero no es cierto que .... los recuerdos. Además nos ayuda mucho.
Lucía: Mira, está bien que tu madre nos ...., pero hay cosas que tenemos que hacer nosotros: poner la lista de bodas, pensar dónde vamos de Luna de Miel.
Fermín: ¿Y organizamos despedida de solteros?
Lucía: Vale, me parece bien que la ...., pero sin la ayuda de tu madre, ¿vale?

Observa y completa el texto con la preposición correcta.

Verbos con preposición
Acordarse **de** algo, **de** alguien o **de** hacer algo
Alegrarse **de** algo
Estar harto **de** algo o **de** alguien
Tener ganas **de** hacer algo
Pensar **en** algo o **en** alguien
Esperar **a** alguien
Ayudar **a** alguien
Acompañar **a** alguien **a** algún sitio

Me acuerdo ...... que mi hermana y mi cuñado se fueron de Luna de Miel a Cancún y volvieron encantados. Ellos habían viajado mucho y ya estaban un poco hartos ...... ir a grandes ciudades y visitar museos, así que tenían ganas ...... hacer un viaje para descansar y tomar el sol. La verdad es que se alegraron mucho ...... haber tomado esa decisión. Yo he pensado ...... hacer lo mismo, ¿qué te parece? Por eso, estoy esperando ...... mi novio para que me acompañe ...... la agencia de viajes y me ayude ...... elegir un bonito destino de playa.

Expresión oral E
Contar experiencias

1 ¿Cómo es una boda tradicional?

a. Ordena las ilustraciones y describe cómo son las bodas en España.

b. ¿Cómo son las bodas en tu país? Explica alguna tradición o alguna broma a los novios.

2 ¿Qué pasó en esa boda? Una anécdota.

a. Escucha este diálogo y completa el cuadro.

¿A quién le pasó?	¿Qué le pasó?	¿Cómo pasó?

b. Cada alumno explica una anécdota. Después la clase elegirá la más divertida.

Expresar causa	Expresar tiempo	Expresar temporalidad
Porque Es que Como Ya que Pues	Cuando Al cabo de Después (de) Antes (de)	En ese momento Mientras (tanto) Al mismo tiempo

3 Una boda especial. Imagina que eres el protagonista de una de estas imágenes y cuenta cómo organizaste la boda y cómo la viviste.

Expresión escrita F
La carta personal

Carta de agradecimiento por una invitación.

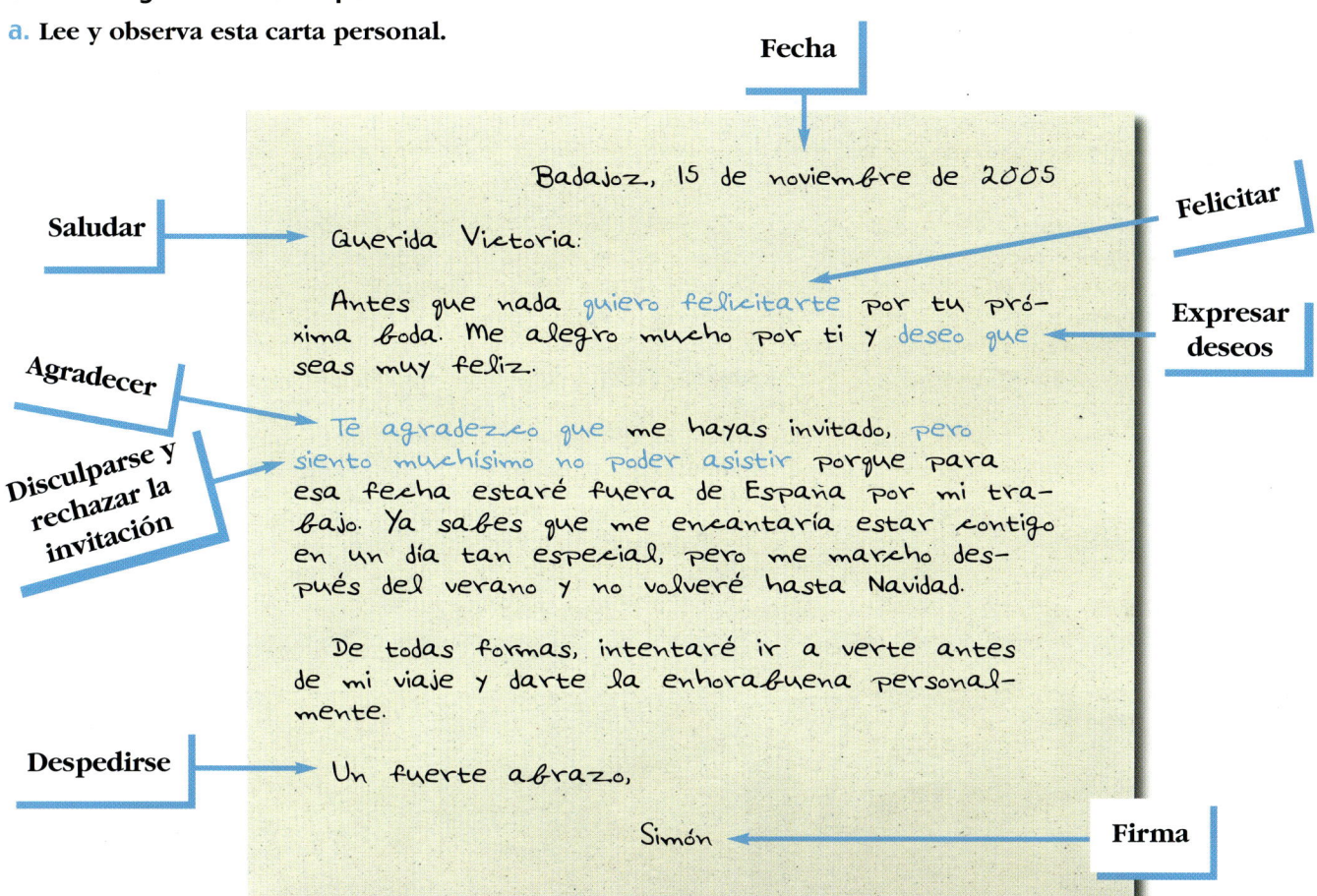

a. Lee y observa esta carta personal.

> Badajoz, 15 de noviembre de 2005 — *Fecha*
>
> Querida Victoria: — *Saludar* / *Felicitar*
>
> Antes que nada quiero felicitarte por tu próxima boda. Me alegro mucho por ti y deseo que seas muy feliz. — *Expresar deseos*
>
> Te agradezco que me hayas invitado, pero siento muchísimo no poder asistir porque para esa fecha estaré fuera de España por mi trabajo. Ya sabes que me encantaría estar contigo en un día tan especial, pero me marcho después del verano y no volveré hasta Navidad. — *Agradecer* / *Disculparse y rechazar la invitación*
>
> De todas formas, intentaré ir a verte antes de mi viaje y darte la enhorabuena personalmente.
>
> Un fuerte abrazo, — *Despedirse*
>
> Simón — *Firma*

b. Clasifica las siguientes expresiones.

▸ Quiero felicitarte por... ▸ Queridísimo/a... ▸ Cariñosos saludos ▸ Felicidades ▸ Enhorabuena ▸ Querido/a... ▸ Siento (mucho) no poder... ▸ Hasta (muy) pronto ▸ Te agradezco que... ▸ ¡Que seas muy feliz! ▸ Un (fuerte) abrazo ▸ Estimado/a... ▸ Quiero darte las gracias por... ▸ Muchas felicidades por... ▸ Lo siento, pero... ▸ Me alegro (mucho) de que... ▸ Me encantaría, pero... ▸ ¡Que tengas (mucha) suerte! ▸ (Muchas) gracias por todo ▸ Espero que me disculpes ▸ Te quiere... ▸ Con mis mejores deseos ▸ Me gustaría (mucho), pero... ▸ Deseo que seas muy feliz

Saludar	Despedirse	Felicitar	Agradecer	Rechazar la invitación y pedir disculpas	Expresar deseos

c. Elige una de estas situaciones y escribe una carta.

a. Tu mejor amigo te ha invitado a su boda y además quiere utilizar tu elegante coche para llevar a la novia hasta la iglesia. Estás encantado/a con la propuesta.

b. Una vieja amiga de la universidad te invita a la presentación de su nuevo libro en el Círculo de Bellas Artes de Madrid. Pero no puedes ir porque al día siguiente te casas y estás muy ocupado/a con los preparativos. Pero aprovechas la ocasión para invitarla.

Mundo hispano
Las supersticiones

1 Lee el siguiente texto y escribe debajo de cada imagen cuál es la superstición.

Supersticiones

Una superstición es una creencia en hechos sobrenaturales. Aparece cuando se considera que ciertos objetos o situaciones tienen poderes extraordinarios y se busca en ellos la explicación a algunos sucesos sorprendentes, como las coincidencias.

Una superstición común dice que si rompes un espejo, tendrás siete años de mala suerte, pero supuestamente existe un remedio para contrarrestar el maleficio, y es recoger los trozos del espejo y meterlos en un cubo con agua durante siete días y siete noches. También se dice que te perseguirá la mala suerte si derramas la sal, y el remedio para evitarla es tomar un poquito de la sal derramada y tirarla hacia atrás sobre tu hombro izquierdo. Otra señal de mala suerte es pasar por debajo de una escalera apoyada en una pared, porque se podría romper el triángulo mágico formado por la pared, el suelo y la propia escalera. También se dice que da mala suerte que se te cruce por delante un gato negro o abrir un paraguas en un sitio cerrado. Por último, tenemos que evitar el número 13; de hecho el día martes y 13 no debemos salir de casa porque nos puede pasar una desgracia. Por eso existe una frase famosa que dice: "En martes y 13 ni te cases ni te embarques".

Sin embargo, también hay señales de buena suerte, como tocar madera, ponerse el jersey al revés o ver una estrella fugaz. Se dice que si eres capaz de hacer un nudo a un pañuelo antes de que la estrella desaparezca, se te cumplirá un deseo. Aunque hay otra forma más fácil de pedir un deseo: soplar las velas de una tarta de cumpleaños.

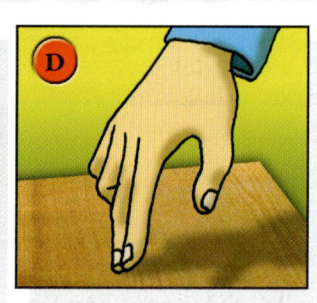

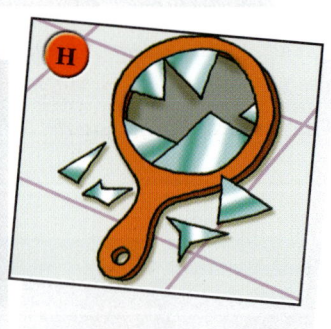

2 ¿Son iguales estas supersticiones en tu país? Explica alguna que sea diferente.

3 ¿Eres tú supersticioso/a? ¿Y tus compañeros?

Ya conoces

A B C D E F

1

a. Los conectores del relato:

Expresar causa	Expresar tiempo	Expresar temporalidad
Porque Es que Como Ya que Pues	Cuando Al cabo de Después (de) Antes (de)	En ese momento Mientras (tanto) Al mismo tiempo

2

a. Los nombres de la familia política: el cuñado / la cuñada, el esposo / la esposa, el marido / la mujer, el sobrino / la sobrina, el suegro / la suegra, el yerno / la nuera, etc.

b. La boda: las arras, los anillos, el banquete, la boda, casarse, el convite, la despedida de soltero, las invitaciones, el invitado, la lista de boda, la Luna de Miel, la marcha nupcial, los novios, el ramo de flores, los recuerdos de boda, la tarta nupcial, el vestido de novia, etc.

3

a. La forma del Perfecto de Subjuntivo:

	Invitar	Tener	Ir
yo	haya invitado	haya tenido	haya ido
tú	hayas invitado	hayas tenido	hayas ido
él, ella, usted	haya invitado	haya tenido	haya ido
nosotros, as	hayamos invitado	hayamos tenido	hayamos ido
vosotros, as	hayáis invitado	hayáis tenido	hayáis ido
ellos, ellas, ustedes	hayan invitado	hayan tenido	hayan ido

b. Los usos del Perfecto de Subjuntivo en contraste con el Presente:

Contraste con el Presente de Subjuntivo	
El Presente de Subjuntivo se utiliza para referirse a acciones habituales o acciones futuras.	El Perfecto de Subjuntivo se utiliza para referirse a acciones pasadas.
Espero que compre los regalos.	*Espero que haya comprado los regalos.*

c. El uso del Subjuntivo en expresiones de extrañeza:

¡Qué raro que...!
Me extraña que... } + Subjuntivo
Me parece raro/extraño que...

d. El uso del Subjuntivo en la expresión de la hipótesis:

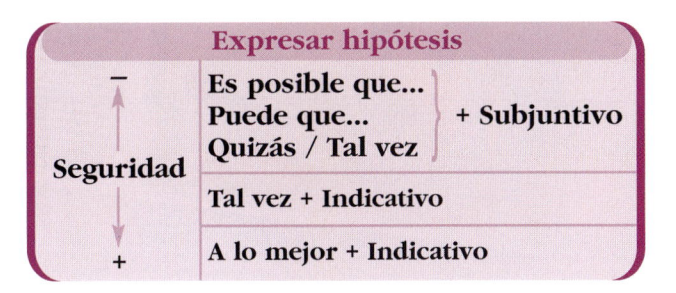

Expresar hipótesis

Seguridad (– a +)

Es posible que...
Puede que... } + Subjuntivo
Quizás / Tal vez

Tal vez + Indicativo

A lo mejor + Indicativo

e. Los verbos con preposición:

Verbos con preposición

Acordarse **de** algo, **de** alguien o **de** hacer algo. Alegrarse **de** algo. Estar harto **de** algo o **de** alguien. Tener ganas **de** hacer algo. Pensar **en** algo o **en** alguien. Esperar **a** alguien Ayudar **a** alguien. Acompañar **a** alguien **a** algún sitio.

f. La valoración y la constatación:

Valorar	Ser / estar / parecer + adjetivo o adverbio + que + Subjuntivo
	No es necesario que yo vaya a la boda. *Está bien que tu madre nos haya ayudado.*
Constatar	Ser verdad / cierto que + Indicativo No ser verdad / cierto que + Subjuntivo
	Es verdad que el vestido de novia es feo. *No es verdad que el vestido de novia sea feo.*

8 Lo han dicho en la tele

1 ¿Qué haces para estar informado? ¿Qué tipo de noticias te interesan más?

Restos de un meteorito caen en Lugo
Pag. 7

2 Observa la imagen y explica la noticia.

3 Escucha el diálogo y di si la noticia es interesante para los personajes y por qué.

	Para JORGE		Para ALICIA	
	Sí	No	Sí	No
Es un programa de noticias serio.	☐	☐	☐	☐
Parece una campaña publicitaria.	☐	☐	☐	☐
Le gusta la astronomía.	☐	☐	☐	☐
Cree que se la han inventado.	☐	☐	☐	☐
Ya lo ha oído en la radio.	☐	☐	☐	☐
Parece una historia de platillos volantes.	☐	☐	☐	☐

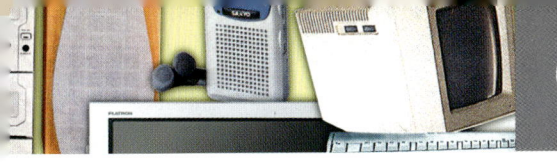

Comprensión y práctica A
Una noticia

Marca la respuesta correcta.

a. **El meteorito que ha visto la gente pesa...**
- ☐ Más de 50 toneladas.
- ☐ Más de 100 toneladas.
- ☐ Más de 500 toneladas.

b. **Según la televisión, la noticia del meteorito es...**
- ☐ Un suceso real.
- ☐ Una campaña publicitaria.
- ☐ Una historia de platillos volantes.

c. **Del meteorito se han encontrado...**
- ☐ Toneladas de restos.
- ☐ Pocos restos.
- ☐ Ningún resto.

d. **Según el director del Observatorio, no se puede hablar de objeto extraterrestre porque...**
- ☐ Fue visto en muchos lugares a la vez.
- ☐ No hay restos que lo verifiquen.
- ☐ Cayó a plena luz del día.

e. **Jorge quiere leer la noticia en el periódico porque...**
- ☐ Alicia ha cambiado de canal.
- ☐ Ahora están dando anuncios en la tele.
- ☐ La televisión se ha estropeado.

f. **Jorge no puede leer la noticia en el periódico porque...**
- ☐ No lo tienen en casa.
- ☐ La noticia no aparece.
- ☐ Lo está leyendo otra persona.

Explica una noticia a la clase. Tus compañeros tienen que adivinar si es real.

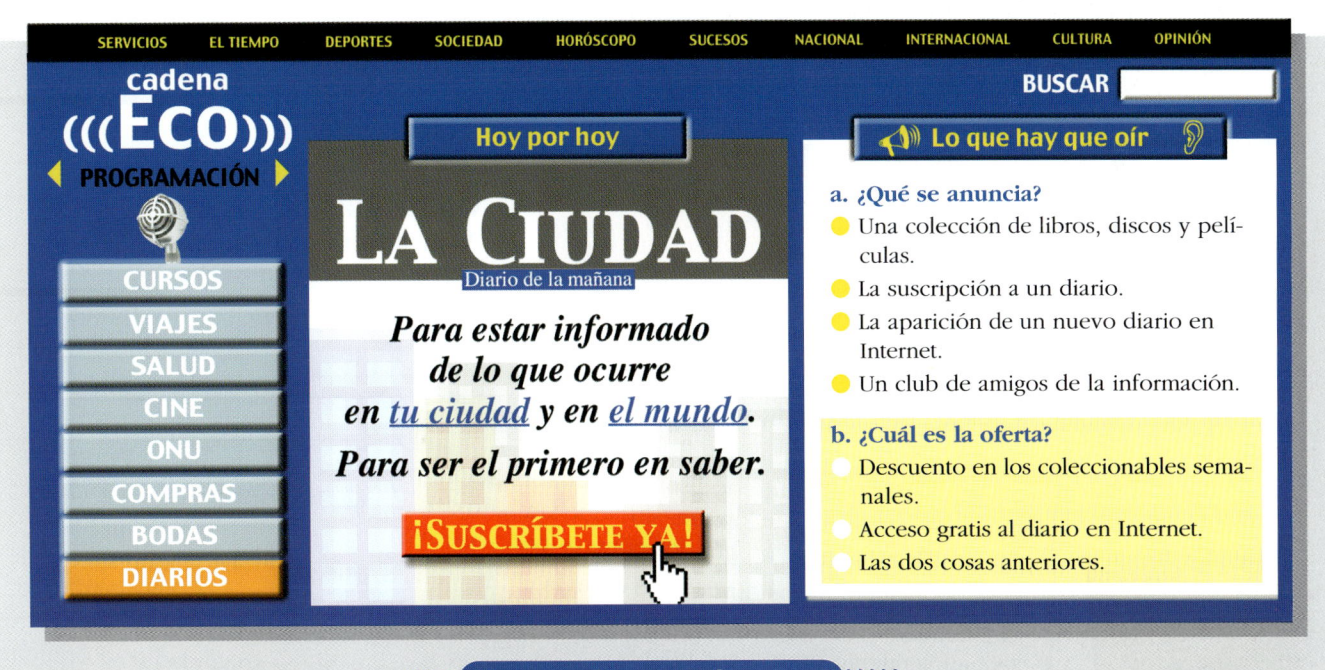

Lo que hay que oír

a. ¿Qué se anuncia?
- ● Una colección de libros, discos y películas.
- ● La suscripción a un diario.
- ● La aparición de un nuevo diario en Internet.
- ● Un club de amigos de la información.

b. ¿Cuál es la oferta?
- ○ Descuento en los coleccionables semanales.
- ○ Acceso gratis al diario en Internet.
- ○ Las dos cosas anteriores.

Lo que hay que hacer

a. Escucha la grabación y marca lo que escuchas en "Lo que hay que oír".

b. Relaciona.
- ▶ Los lunes...
- ▶ Los martes...
- ▶ Los viernes...

- ▶ películas...
- ▶ libros...
- ▶ discos...

- ▶ de aventuras.
- ▶ españoles/as.
- ▶ de los años 80.

c. ¿Hasta cuándo dura la oferta? ¿Cuánto vale? ....

Léxico B

Secciones de un periódico

1 **La portada de un periódico.**

a. Observa este periódico y señala a qué sección pertenecen las noticias señaladas:

| política | internacional | deportes | economía | cultura y espectáculos | reportajes | opinión | sociedad |

LA VANGUARDIA
DOMINGO, 20 de junio de 2004 — Nº 44.323

Una sociedad de peso
• Más de la mitad de la sociedad española tiene sobrepeso
Página 13

Forum BARCELONA 2004
Barcelona se llena de arte y música
Página 29 a 31

FÓRMULA 1
• Fernando Alonso vuelve a ser 3º
Página 40

Europa ya tiene Constitución
▶ Los 25 llegan a un pacto en el reparto de poder
▶ El Gobierno español quiere ratificar cuanto antes la nueva Constitución

La Caixa logra el control total y la gestión económica de Port Aventura

MADRID 2012
REPORTAJE
Madrid, en la carrera olímpica

OPINIÓN
Contra la violencia de todos los géneros
Página 18

b. Completa el siguiente texto con las palabras del recuadro.

- cartas al director
- comentario
- críticas
- crónica
- editorial
- entrevista
- noticia
- reportaje

La misión principal del periodismo es la información, pero sabemos que en los periódicos hay textos que no sólo informan, sino que también dan a veces una opinión. Por eso, podemos clasificar los textos según los géneros periodísticos:

Géneros informativos. Entre ellos están la ...., que es el relato de un suceso de actualidad. El .... también es el relato de un suceso, pero es más largo y a veces el acontecimiento no es de actualidad. Por último, la .... recoge el diálogo entre el periodista y una persona de interés para darnos a conocer su personalidad o su opinión sobre algún tema que conoce.

Géneros de opinión. Incluyen el ...., que es un texto sin firma que expone la opinión del periódico ante los sucesos de actualidad; el ...., que es un artículo firmado que explica las noticias y sus consecuencias; y las ...., enviadas por los lectores para dar su opinión sobre las noticias.

Géneros mixtos. Son los textos que combinan la información con la opinión, como la ...., donde se cuentan hechos que se han desarrollado a lo largo de cierto tiempo o las .... sobre arte, cine, teatro, libros, etc.

78

Comprensión lectora C
La noticia. Artículos de opinión

La noticia.
Lee la siguiente noticia y responde a las preguntas.

CIENCIA 23

PEDRO DUQUE, ILUSIONADO POR VIAJAR A LA LUNA

España firmará un acuerdo de colaboración con la NASA para futuras misiones a Marte

MADRID.- Según ha informado el ministro de Ciencia y Tecnología, se firmará un acuerdo de colaboración con la NASA para desarrollar programas relacionados con misiones al Planeta Rojo a partir de 2007. El astronauta español Pedro Duque, de vuelta a España tras su viaje a la Estación Espacial Internacional, ha mostrado su interés por viajar "a Marte o a la Luna".

El astronauta considera que **los viajes tripulados a Marte no tienen por qué esperar 30 años**: "se puede llegar en 10 años dependiendo del presupuesto", dijo.

El astronauta español señaló que las confirmaciones de la ESA (Agencia Europea del Espacio) de la existencia de agua sólida en Marte "te hacen sentir una cercanía al planeta". La finalidad de los viajes es "encontrar si estamos solos en el Universo y si hay vida en Marte de forma igual a la de la Tierra o ha venido de otra parte. Es una pregunta que todo el mundo se ha hecho siempre: si estamos solos", comentó Duque.

El Mundo. Enero de 2004

---

a. Busca en el texto las palabras que se corresponden con estas definiciones.
- Trabajo en unión: ....
- Marte: ....
- Expediciones científicas: ....
- Viajes conducidos por personas: ....

b. Según Pedro Duque, ¿dentro de cuántos años se podrá viajar a Marte? ¿De qué depende?

c. ¿Qué significa para Duque que haya agua en Marte?

d. Y tú, ¿crees que hay vida en otros planetas?

El artículo de opinión.
Lee estos dos textos y responde a las preguntas.

a. ¿A qué género periodístico pertenecen?
b. ¿Cuál de ellos se muestra a favor de los viajes a Marte? ¿Por qué?
c. ¿Cuál de ellos se muestra en contra? ¿Qué inconvenientes expone?
d. Escribe una carta al director de un periódico explicando tu opinión sobre los viajes espaciales a Marte.

Me parecen muy interesantes las fotografías enviadas desde Marte. Pienso que se debe seguir investigando, ya que saber acerca de lo que hay o pudo haber en el Planeta Rojo puede ayudar a descubrir el origen de la vida en la Tierra. Cualquier dinero gastado en investigación, sea esta del tipo que sea, (salvo la militar) no es gasto, es "inversión". Y en mi opinión la más rentable posible, ya que sus beneficios nos afectan a todos.

Está claro que existió agua en Marte, nos están informando constantemente de ello. Pero ¿hay agua actualmente?, ¿saben dónde buscar? Son preguntas que los gobiernos deberían tener más en cuenta antes de malgastar dinero en más misiones para verificar si "existió agua en Marte". ¿Es que el dinero sobra? ¡Ah, claro!, lo pagamos los ciudadanos.

Gramática D
El estilo indirecto: cambios en las palabras

1 **Observa y contesta a las preguntas.**

El ESTILO DIRECTO es la repetición exacta de palabras tal y como las dijo su autor.

Periodista: *¿Se puede hablar realmente de un meteorito? ¿Dónde cayó?*

Director del Observatorio Astronómico de Santiago: *No se puede hablar realmente de un objeto extraterrestre hasta que no existan restos.*

El ESTILO INDIRECTO es la reproducción de las palabras de alguien.

Reproducir preguntas	PREGUNTAR (QUE)	+ SI	El periodista **pregunta (que) si** se puede hablar realmente de un meteorito.
		+ Interrogativo	El periodista **pregunta (que) dónde** cayó.
Reproducir información	DECIR COMENTAR AFIRMAR CONFIRMAR CONTESTAR	+ QUE	El Director del Observatorio **contesta que** no se puede hablar realmente de un objeto extraterrestre.

Al pasar al estilo indirecto, pueden producirse cambios de algunas palabras.

Yo / Nosotros, as	Él, ella / Ellos, as
Me / Nos	Le / Les
Hoy / Ayer / Anoche	Aquel día / El día anterior / La noche anterior
Aquí	Allí
Mi / Mío, a / Nuestro, a	Su / Suyo, a / Nuestro, a
Este	Este / Ese / Aquel

1. Yo todavía no sé lo que pasó, pero he oído que era un meteorito.
   ¿Qué dice? ....
2. ¿Salieron anoche a la calle para ver lo que pasaba?
   ¿Qué pregunta? ....
3. ¿Cuándo empezó a investigar por aquí la Guardia Civil?
   ¿Qué pregunta? ....
4. Cuando vi las imágenes me quedé impresionada.
   ¿Qué asegura? ....
5. Mi vecino nos ha dicho que se ha incendiado un trozo de bosque.
   ¿Qué comentan? ....
6. ¿Qué pensaban los habitantes de la zona que podía ser?
   ¿Qué pregunta? ....
7. Luego nos dijeron que había sido un meteorito.
   ¿Qué afirman? ....
8. Se ve que uno de los trozos más grandes cayó aquí al lado.
   ¿Qué dice? ....
9. Esta mañana hemos salido algunos amigos a ver si encontrábamos algo, pero no hemos visto ningún trozo.
   ¿Qué afirma? ....
10. ¿No han caído restos en estas zonas habitadas?
    ¿Qué pregunta? ....

Gramática D
El estilo indirecto: transformaciones verbales

a. Observa y cambia las frases al estilo indirecto con la fórmula DICE QUE...

> Si el verbo que introduce el estilo indirecto está en Presente de Indicativo (*dice que, pregunta que, afirma que, etc.*), el tiempo de la otra frase no cambia.
> **EXCEPCIÓN:** El Imperativo del estilo directo se transforma siempre en Presente de Subjuntivo en el estilo indirecto.
> Raquel: *Llámame*.
> Alicia: *Raquel dice que la llames*.

1. Entrega a la policía los restos que encuentres.   *Dice que entregues a la policía los restos que encuentres.*
2. Déjame el periódico un momento.   ....
3. Calla y escucha las noticias.   ....
4. Quizás vayan de viaje de novios a Cancún.   ....
5. No digas tonterías y déjame escuchar.   ....
6. Díselo tú.   ....
7. Consúltala en Internet.   ....

b. ¿En Indicativo o en Subjuntivo? Completa las frases con la forma correcta del verbo.

1. Dice que le .... (dejar) el periódico un momento.
2. Me ha dicho que no le .... (interesar) este tipo de noticias.
3. Me ha contado que .... (haber) mucha gente preocupada por el tema.
4. Me pide que no me .... (preocupar) por esto.
5. Me ha dicho que .... (poner) la radio.
6. Me ha dicho que .... (comprar) el periódico, pero no tengo dinero.
7. La policía dice que todo .... (estar) bajo control y que no nos .... (alarmar).

Escucha las siguientes conversaciones telefónicas y escribe los recados.

1
Mensaje para ....
Ha llamado ....
☐ Volverá a llamarle.
☐ Quiere que le llame.
Mensaje ....

2
Mensaje para ....
Ha llamado ....
☐ Volverá a llamarle.
☐ Quiere que le llame.
Mensaje ....

3
Mensaje para ....
Ha llamado ....
☐ Volverá a llamarle.
☐ Quiere que le llame.
Mensaje ....

Expresión oral E
Transmitir información. Las citas

1 HA LLAMADO...
En grupos de 3. Cada uno representa a un personaje.

A Llamas a un amigo varias veces, pero nunca está. Su compañero de piso toma los recados. Inventa diferentes razones para llamarle (querías hablar con él, pedirle un favor, recordarle que tiene una cita, etc.).

B Estás en casa y recibes varias llamadas para tu compañero de piso. Tomas los recados para luego dárselos.

C No estás en casa en todo el día. Al llegar preguntas a tu compañero de piso si te ha llamado alguien y él te da los recados.

Transmitir las palabras de otros		
Pedir que se transmita una información	¿Puedes / podrías...?	*decir que* + Indicativo
Pedir que se transmita una petición		*decir que* + Subjuntivo
Transmitir una información	*Decir / comentar que* + Indicativo	
Transmitir una pregunta	*Preguntar (que)* +	**SI** + Indicativo (para preguntas de respuesta "sí" o no")
		INTERROGATIVOS + Indicativo
Transmitir una petición	*Decir / pedir / querer que* + Subjuntivo	

2 Las citas.

a. Lee estas citas en estilo indirecto. ¿Qué dicen?

Luis Buñuel (director de cine español): *"A mí no me interesa el arte, sino la gente"*.

Cristina Peri Rossi (escritora uruguaya): *"En la sociedad actual, si no puedo comprar no existo"*.

Montserrat Caballé (cantante de ópera española): *"Trabajo deprisa para vivir despacio"*.

Antonio Machado (poeta español): *"Ayudadme a comprender lo que os digo y os lo explicaré mejor"*.

b. Cada uno inventa una frase para hacerse famoso y se meten todas en una bolsa. Después varios compañeros las leen todas en estilo indirecto y se votan las mejores.

3 DICE QUE...
En grupos de 3. Elige una de estas situaciones e imagina los diálogos.

SITUACIÓN 1
Víctima: entras en una tienda de música con un amigo. No compráis nada pero al salir suena la alarma. El vigilante se acerca y descubre que en tu bolsillo tienes un CD nuevo, pero tú no lo has puesto ahí. No sabes hablar bien español, así que tu amigo te ayuda a explicárselo al vigilante.

Vigilante: oyes la alarma y vas a hablar con las personas que salen de la tienda en ese momento. Descubres que una de ellas lleva un CD en el bolsillo. Intentas hacerle preguntas pero no habla bien español.

Amigo: ayuda a tu amigo y al vigilante para que se entiendan.

SITUACIÓN 2
Víctima: estás de vacaciones y te han robado la cámara de fotos y algunas cosas más. Vas a la comisaría a poner una denuncia, pero como no sabes hablar bien español, llevas a un amigo contigo.

Policía: recibes a dos personas en la comisaría. Una de ellas viene a denunciar un robo, pero no sabe hablar bien español. Pregúntale qué le han robado, dónde ha sido, si ha visto a los ladrones y otras cuestiones.

Amigo: ayuda a tu amigo y al policía para que se entiendan.

Expresión escrita F
El resumen

Ha ocurrido un suceso. Imagina que eres periodista y has conseguido estas declaraciones de testigos y especialistas.

a. Subraya dos ideas de cada intervención.

> Eran más o menos <u>las seis de la tarde de ayer</u> y estábamos en el Estadio de San Lázaro. El partido de fútbol acababa de comenzar y de repente <u>pasó por encima como un avión envuelto en llamas</u>. Yo todavía no sé lo que pasó, pero he oído que era un meteorito.

> Aquí en el pueblo <u>se oyó una explosión</u> un poco antes de las seis. Fue muy fuerte, <u>incluso temblaron los cristales</u> de las ventanas. Salimos todos a la calle muy asustados pero no había heridos.

> Esa tarde yo estaba en León viendo el desfile. Llevaba la cámara de vídeo porque mi hija participaba, por eso pude grabar un trozo del meteorito. Cuando vi las imágenes me quedé impresionada, porque salía una luz muy fuerte.

> Eran como bolas de fuego que caían del cielo. Pero al parecer no han caído en zonas habitadas y por eso no ha habido ningún herido, pero podía haber sido una tragedia, ¿no le parece?

> Mire, los meteoritos son pedazos del sistema solar que han caído a la Tierra. Una gran cantidad de meteoritos entran en la atmósfera terrestre cada día, casi todos son muy pequeños, sólo unos pocos miligramos cada uno. Solamente los grandes llegan a alcanzar la superficie y, algunos, pueden dejar un cráter. Los más grandes son menos numerosos pero sus consecuencias pueden ser desastrosas. El impacto de un cometa o meteorito de gran tamaño fue seguramente el responsable de la extinción de los dinosaurios hace 65 millones de años. El objeto dejó un cráter de 180 km, hoy enterrado bajo la jungla, en la península del Yucatán.

> Nosotros somos de un pueblo cerca de León y a eso de las seis y media hubo una especie de temblor de tierra. Al principio pensábamos que era un terremoto, pero luego nos dijeron que había sido un meteorito. Esta mañana hemos salido algunos amigos a ver si encontrábamos algo, pero no hemos visto ningún trozo, ni siquiera un agujero o algo que indique dónde había caído.

b. Ahora organiza las ideas.

c. Por último, haz un resumen para redactar una breve noticia. No olvides inventar un titular.

....
....
....
....
....
....
....

Mundo hispano
Periódicos hispanos

1 ¿Conoces alguno de estos periódicos? Intenta averiguar su nacionalidad.

LA VANGUARDIA Clarín EL MUNDO EL UNIVERSAL EL MERCURIO EL NACIONAL

2 El profesor te enseñará algún periódico en español. Compáralo con los de tu país. ¿Qué diferencias hay en cuanto al color, tamaño, número de páginas, etc.?

3 Lee el siguiente texto y responde a las preguntas.

LOS DIARIOS EN ESPAÑOL CONSOLIDAN SU PRESENCIA EN INTERNET

Los diarios en español han consolidado su presencia en Internet en los últimos meses y alcanzan un total de 230 cabeceras propias, de las que 82 pertenecen a la prensa mexicana, según un estudio difundido hoy por la Asociación de Periodistas Europeos (APE).

Según el informe, de los 230 diarios en español, 82 eran mexicanos, 33 españoles, 23 argentinos, 11 peruanos y otros 11 venezolanos. La lista se completa con diarios de Colombia (10), Ecuador (7), Uruguay y Chile (con 6 cada uno).

En el caso de España, el informe aclara que se trata sólo de diarios en idioma español, ya que también existen otras cuatro publicaciones en otras lenguas, tres de ellas en catalán y otra en vasco.

Entre sus conclusiones, el estudio destaca que el español se ha convertido en el segundo idioma -después del inglés- con mayor presencia en lo que a prensa se refiere. De los 4.218 periódicos que circulan por Internet, un 49% está escrito en inglés, un 14,3% en español, un 6,5% en alemán, 5% en portugués y 3,6% en francés.

EFE Venezuela (texto adaptado)

a. ¿Qué país de habla hispana tiene mayor número de periódicos en Internet?

b. ¿En qué otras lenguas se editan periódicos en Internet en España?

c. ¿Cuál es la conclusión del estudio realizado por la APE?

4 Consulta estos periódicos en Internet.

El Mercurio (www.elmercurio.cl)   El Nacional (www.el-nacional.com)
Clarín (www.clarin.com)   El Mundo (www.elmundo.es)
La Vanguardia (www.lavanguardia.es)   El Universal (www.el-universal.com.mx)

a. ¿Cuál es la principal noticia del día en cada periódico? ¿Qué tipo de noticia es (nacional, internacional, política, económica, social, deportiva, etc.)?

b. ¿Qué periódico te parece más atractivo de leer? ¿Por qué?

c. Y a ti, ¿qué sección de un periódico te interesa más? ¿Por qué?

Ya conoces

1.

a. Las expresiones para transmitir las palabras dichas por otra persona:

Transmitir las palabras de otros		
Pedir que se transmita una información	¿Puedes / podrías...?	*decir que* + Indicativo
Pedir que se transmita una petición		*decir que* + Subjuntivo
Transmitir una información	*Decir / comentar que* + Indicativo	
Transmitir una pregunta	*Preguntar (que)* +	SI + Indicativo (para preguntas de respuesta "sí" o no")
		INTERROGATIVOS + Indicativo
Transmitir una petición	*Decir / pedir / querer que* + Subjuntivo	

2.

a. El vocabulario de una noticia del espacio: la atmósfera, chocar, el cráter, el espacio, la explosión, el/la herido/a, el incendio, la Luna, Marte, el meteorito, el resto, el/la testigo, la Tierra, etc.

b. Los géneros y secciones de un periódico: la carta al director, el comentario, la crítica, la crónica, la cultura, los deportes, la economía, el editorial, la entrevista, los espectáculos, internacional, la noticia, la opinión, la política, el reportaje, etc.

3.

a. Los verbos y partículas del estilo indirecto:

Reproducir preguntas	PREGUNTAR (QUE)	+ SI	*El periodista **pregunta (que) si** se puede hablar realmente de un meteorito.*
		+ Interrogativo	*El periodista **pregunta (que) dónde** cayó.*
Reproducir información	DECIR COMENTAR AFIRMAR CONFIRMAR CONTESTAR	+ QUE	*El Director del Observatorio contesta que no se puede hablar realmente de un objeto extraterrestre.*

b. Los cambios en pronombres y adverbios que puede haber en el estilo indirecto:

ESTILO DIRECTO	ESTILO INDIRECTO
Yo / Nosotros, as	Él, ella / Ellos, as
Me / Nos	Le / Les
Hoy / Ayer / Anoche	Aquel día / El día anterior / La noche anterior
Aquí	Allí
Mi / Mío, a / Nuestro, a	Su / Suyo, a / Nuestro, a
Este	Este / Ese / Aquel

c. Los cambios en los tiempos verbales que puede haber en el estilo indirecto:

> Si el verbo que introduce el estilo indirecto está en Presente de Indicativo (*dice que, pregunta que, afirma que,* etc.), el tiempo de la otra frase no cambia.
>
> **EXCEPCIÓN:** El Imperativo del estilo directo se transforma siempre en Presente de Subjuntivo en el estilo indirecto.
>
> > Raquel: *Llámame.*
> > Alicia: *Raquel dice que la llames.*

Transcripciones

UNIDAD 1

LAURA: ¡Hola, Pedro! ¿Cómo estás?

PEDRO: ¿Qué tal, Laura? Mira, te presento a Elisabeth. Es mi novia. Hemos venido los dos a matricularnos. Yo en inglés, claro, como tú. Elisabeth y yo nos conocimos en Londres este verano.

LAURA: ¿Has estado en Londres estudiando inglés? ¿Y qué tal la experiencia?

PEDRO: Me encantó. Estuve poco tiempo, pero aprendí bastante. Además, allí conocí a Elisabeth. Ella lleva estudiando español cinco años y ahora ha venido a pasar un año a Madrid.

LAURA: ¡Cinco años! Pues yo estudio inglés desde hace un año solamente.

ELISABETH: ¿Y son compañeros de clase?

PEDRO: Sí, Laura y yo nos conocimos el curso pasado.

LAURA: ¡Qué bien lo pasamos!, ¿verdad? Éramos un buen grupo y todos nos llevábamos muy bien. La profesora nos obligaba a hablar en inglés incluso en la cafetería, ¿te acuerdas?

PEDRO: Sí, era muy simpática. Además sus clases eran muy amenas.

LAURA: Solíamos trabajar a menudo en grupo. Y eso a mí me ayudó mucho.

PEDRO: Oye, ¿y sabes algo de los demás compañeros?

LAURA: Pues mira, vi a Asun hace dos semanas. Va a repetir curso.

PEDRO: ¿Suspendió?

LAURA: ¡Qué va! Se le dan muy bien los idiomas. Sabe francés y portugués. Pero no se presentó al examen de inglés porque se fue a Brasil por trabajo.

PEDRO: ¡Ah! ¡Qué pena!

LAURA: No, pero ya ha vuelto. Se ha matriculado de 7:00 a 9:00 de la tarde.

PEDRO: Pues yo también voy a elegir ese horario. Estaremos en grupos diferentes pero a lo mejor nos vemos.

Cadena Eco

En ECO academia llevamos más de 30 años poniendo los cinco sentidos en la enseñanza de idiomas. Nuestro objetivo es ofrecerte una enseñanza personalizada, amena y de calidad, tutelada por tu profesor particular. La base de esta enseñanza es el Curso Modular, creado por Eco academia.

Nuestros alumnos son más de 300.000 en todo el mundo. Porque el Curso Modular es un método universal que permite crear tantos cursos como perfiles de estudiantes, y tantos servicios como personas aprenden con nosotros. 24 horas (On-line). Cada uno marca su horario. Para más información llama al 900 22 22 22.

Léxico

LAURA: ¿Qué tal te fue el curso, Asun?

ASUN: Pues mal. Me fui a Brasil por trabajo y no pude asistir a las clases de final de curso.

LAURA: ¿Entonces no has aprobado?

ASUN: No, suspendí. Es que no me presenté al examen. Me voy a matricular otra vez en el mismo curso. ¿Y tú qué tal?

LAURA: Pues yo bien, saqué un notable.

ASUN: ¡Qué buena nota! Es que tú eres muy trabajadora. Tomabas siempre los apuntes y luego hacías los deberes todos los días.

LAURA: Pues Pedro tuvo mejor nota, sacó un sobresaliente. Ese sí que es trabajador.

ASUN: Bueno, pues ya nos veremos todos, ¿no? Yo voy a elegir el horario de 7:00 a 9:00 por la tarde, como el año pasado.

LAURA: Vale, estaremos en clases diferentes, pero nos podremos ver.

ASUN: Estupendo, pues hasta pronto, Laura.

LAURA: Adiós.

UNIDAD 2

ÉL: Cariño, he traído unos folletos de la agencia de viajes.

ELLA: ¿A ver? América del Sur. ¡Uau! Ojalá lleguen ya las vacaciones.

ÉL: Sí, falta poco tiempo y todavía no hemos decidido dónde vamos.

ELLA: ¿Cómo que no? Dijimos Perú. El Machu Picchu.

ÉL: Claro, pero... mira estas fotos: las Islas Galápagos. Dicen que es "el último rincón de vida natural". Impresionante, ¿no?

ELLA: Sí, muy interesante, pero también es más caro: 2.136 euros por persona.

ÉL: ¡Ah! Pero es pensión completa y el viaje a Perú incluye sólo alojamiento y desayuno. Además, en Perú los hoteles son de 3 y 4 estrellas y en las Islas Galápagos también hay de 5 estrellas.

ELLA: Tienes razón, nos vamos a gastar el mismo dinero, más o menos. Pero a mí me gusta más la montaña: viajar en tren, en autobús, paseos en bicicleta... Y quiero que vayamos al Machu Picchu y a la ciudad de Cuzco, la llamada "capital arqueológica de América". Y mira, Urubamba, el valle sagrado de los Incas. ¡Qué bonito todo!

ÉL: Pero en las Islas Galápagos tendremos mar y montaña. Podremos hacer excursiones a pie, como en la Isla San Bartolomé, y también tendremos tiempo para bucear o ir a la playa. Y mira, aquí pone que podemos ver leones marinos en Isla Seymour. ¡Increíble!

ELLA: No sé. La naturaleza está muy bien, pero también quiero que vivamos con la gente y que conozcamos su cultura. Los mercados peruanos son una maravilla.

ÉL: En Ecuador también hay mercados. ¡Eh! Según el catálogo, el último día se visita uno de los mercados indígenas más famosos de América del Sur, en Otavalo.

ELLA: Déjame ver. Sí, la verdad es que los dos viajes son maravillosos. Bueno, pues nos vamos a Islas Galápagos.

ÉL: Bien. Ojalá que haya plazas todavía. Voy ahora mismo.

ELLA: Bueno, a lo mejor encontramos ofertas de última hora. ¿Quieres que te acompañe?

ÉL: Vamos.

Cadena Eco

Con nuestra agencia de viajes puedes disfrutar de tus vacaciones de verano en nuestros paradores canarios. Además, si haces tu reserva con dos meses de antelación, conseguirás un 8% de descuento. Infórmate de las condiciones de aplicación de este descuento. Acércate a nuestra agencia de viajes y solicita el folleto "Paradores Canarios 2005". Este verano, escápate a cualquiera de los paradores canarios con viajes "El Corte Inglés".

Transcripciones

UNIDAD 3

SANDRO: ¡La comida ya está! ¡Todos a la mesa!

CHANTAL: Hola. Ay, no tengo hambre.

SANDRO: ¿Qué te pasa? ¿No te apetecen mis espaguetis con chorizo?

CHANTAL: ¡Puaj!

SANDRO: ¡Oye! Es de mala educación hacer ese desprecio a mi comida.

MONTSE: Es natural que lo haga, está enferma.

CHANTAL: Lo siento, pero me duele mucho el estómago. No soporto ver la comida.

SANDRO: Me preocupa tu estado, Chantal, llevas así varios días. Tienes que ir al médico. ¿Te sacaste la tarjeta que cubre la asistencia sanitaria a los estudiantes extranjeros?

CHANTAL: No, tengo un seguro médico privado. Primero pago la consulta en España y después en Francia me devuelven el dinero.

SANDRO: Yo tengo un catálogo de médicos.

MONTSE: ¡A ver, a ver! Especialidad medicina familiar, cardiología, dermatología..., aquí: digestivo. Mira, doctor Fernando Chávez Gil. Vamos a llamar.

RECEPCIONISTA: Consulta del doctor Chávez, ¿dígame?

CHANTAL: Buenas tardes ¿puedo pedir cita con el doctor para esta tarde, por favor?

RECEPCIONISTA: ¿Para hoy? Imposible. Le puedo dar para mañana.

CHANTAL: ¡Para mañana! Es que estoy fatal. Tengo náuseas y mareos.

RECEPCIONISTA: No tenemos servicio de urgencias, lo siento.

CHANTAL: Bueno, gracias, adiós.

MONTSE: Venga, está claro que necesitas un médico ahora mismo, tomamos un taxi y nos vamos a una clínica donde tengan servicio de urgencias.

SANDRO: ¿Y mis espaguetis? No está bien visto dejar la comida en la mesa.

MONTSE: ¡Sandro, por favor!

Cadena Eco

Está usted en comunicación con la Clínica Belén. Marque en su teléfono el número de habitación con la que quiere hablar y su llamada pasará automáticamente. Si desea que le atiendan en centralita, por favor manténgase a la espera. Si desea pedir cita para una consulta médica, le recordamos que el horario de atención es de lunes a viernes de 8 de la mañana a 8 de la tarde y los sábados de 9 de la mañana a 1 de la tarde. Muchas gracias.

UNIDAD 4

JULIÁN: ¿Sabéis lo del Círculo de Bellas Artes?

LUISA: ¿El qué?

JULIÁN: Que hay un festival de cine español y me gustaría ir. ¿Alguien se apunta?

LETICIA: Las películas españolas son muy malas.

JULIÁN: Pero, ¿qué dices, Leticia? El cine español de los últimos años es de una gran calidad.

LUISA: Por supuesto. Hay directores de gran prestigio internacional: Almodóvar, José Luis Garci, Trueba, Amenábar, Isabel Coixet... Todos han ganado premios en España y en el extranjero, incluso algún Oscar.

LETICIA: Es posible, pero no creo que un premio signifique que la película sea buena.

JULIÁN: No estoy de acuerdo contigo. Cuando una película tiene premios es porque es buena. Todo el mundo no puede estar equivocado.

LETICIA: Lo que quiero decir es que a mí no me gusta el cine español. Siempre trata los mismos temas.

JULIÁN: Eso no es verdad, es muy variado. Cada director tiene su estilo y prefiere un género. A Isabel Coixet le gusta el drama o las películas románticas, a Trueba la comedia, a Amenábar el género fantástico o de terror... Lo interesante de un festival es que puedes elegir.

LETICIA: Yo no estoy en contra del cine español, pero pienso que es aburrido.

LUISA: Bueno, yo te acompaño, Julián, ¿qué película quieres ver?

JULIÁN: ¡Qué bien, Luisa! Mira, el sábado por la mañana ponen la última de Almodóvar.

LETICIA: Yo he leído la crítica y dicen que en esa película Almodóvar vuelve al cine de su primera época. Es floja y llena de imperfecciones. Almodóvar es cada vez peor.

JULIÁN: Mira, lo de que el cine español es aburrido puedo aceptarlo, pero no digas que Almodóvar es cada vez peor...

Cadena Eco

Bienvenido al servicio de información cinematográfica de los cines Odeón. Programación del viernes 20 al jueves 27 de abril de 2005:

Sala 1: *La niña de tus ojos.* Pases seis, ocho y cuarto, diez y media.

Sala 2: *Los otros.* Pases seis, ocho y media y once. Domingos y festivos, pase también a las cuatro.

Sala 3: *Mi vida sin mí.* Pases cinco, siete y veinticinco y diez. Viernes y sábados también una y diez de la madrugada.

Les recordamos que el precio de la butaca es de 6 euros. Los jueves, día del espectador: 4 euros. Precio reducido a estudiantes, carné joven, menores de 10 años y mayores de 65: 4 euros y medio. Numeradas excepto la primera sesión de los viernes, sábados, festivos y vísperas de fiesta. Reservas y venta anticipada en el teléfono 902 341 667. Muchas gracias.

UNIDAD 5

ENTREVISTADOR: Vamos a ver, hemos leído su currículum y nos parece muy interesante. Tiene usted dos licenciaturas. ¿Las estudió a la vez?

PEDRO: Bueno, estudié al mismo tiempo la Diplomatura en Estudios Empresariales y la Licenciatura en Ciencias y Técnicas Estadísticas. Después volví a matricularme en la Universidad Complutense. Pero para entonces ya había terminado las dos carreras anteriores.

ENTREVISTADOR: ¿Con qué otras actividades compaginó sus estudios?

PEDRO: Con el estudio de idiomas. Antes de entrar en la Universidad yo ya había empezado a estudiar francés, pero luego estuve estudiando también portugués. He realizado cursos de perfeccionamiento en Lisboa y en Bruselas.

ENTREVISTADOR: Además tiene usted otros cursos de formación.

PEDRO: Sí, he realizado un Máster en Márketing Profesional y el verano pasado hice un Curso de Especialización en Administración de Proyectos en la Universidad de São Paulo.

ENTREVISTADOR: Sin embargo, vemos que no tiene experiencia laboral.

PEDRO: No, pero he realizado un año de prácticas profesionales en la compañía Financia, S.A.

ENTREVISTADOR: ¿Y qué hacía allí?

PEDRO: Estaba en el Departamento de Márketing. Colaboraba en la captación de clientes y en el seguimiento.

ENTREVISTADOR: ¿Y conoce usted nuestra empresa? ¿Había oído hablar de ella alguna vez?

PEDRO: Por supuesto, conozco su compañía desde hace mucho tiempo, es líder en el sector y he leído varios artículos sobre ustedes.

ENTREVISTADOR: ¿Por qué le gustaría trabajar con nosotros?

PEDRO: Su compañía no sólo es una de las más importantes de España, sino que además tiene delegaciones en Europa y en casi toda América Latina.

ENTREVISTADOR: ¿Pero sabe usted en qué consiste el trabajo que ofrecemos?

PEDRO: Creo que necesitan personal para captar y asesorar a clientes, en productos financieros y de inversión, ¿no es así?

ENTREVISTADOR: Efectivamente. ¿Y por qué cree que podría hacer bien este trabajo?

PEDRO: En fin, tengo una buena formación, hablo idiomas, poseo un alto conocimiento de informática y me desenvuelvo con facilidad en las relaciones sociales y comerciales.

Cadena Eco

La Comisión Económica de la Naciones Unidas para América Latina necesita cubrir 4 plazas de especialistas en asuntos de población. Los interesados deben estar en posesión de una de las siguientes titulaciones universitarias: Sociología, Estadística o Economía orientada hacia la demografía, y tener un profundo conocimiento de español o portugués y de una segunda lengua oficial de la ONU. Las solicitudes se presentarán antes del día 11 de julio en el Centro de Información de las Naciones Unidas para España, indicando "Departamento de Asuntos Económicos y Sociales".

Gramática

Diálogo 1:
- Así que usted no ha trabajado antes de camarero.
– No, pero tengo experiencia en la atención al público.
- ¿Dónde?
– El año pasado estuve trabajando en unos grandes almacenes.
- ¿En qué departamento?
– En el departamento de muebles. Tomaba las medidas y hacía los presupuestos.

Diálogo 2:
- ¿Y cuál es su experiencia profesional?
– Dos años en una empresa de productos informáticos.
- ¿Y cuál era su tarea exactamente?
– Trabajaba en el departamento de programación y supervisaba los nuevos programas de contabilidad.

UNIDAD 6

AGENTE: Y esta es la otra habitación. Todas tienen armarios empotrados.

ESTHER: Esta es más grande. Aquí podríamos dormir Isabel y yo. ¿Dónde está la cocina?

AGENTE: Sí, miren, es por aquí. Está totalmente amueblada: cocina vitrocerámica, nevera, lavavajillas, microondas .... La lavadora está en el cuarto de baño pequeño. Los dos cuartos de baño son completos.

ISABEL: ¿Y ese aparato para qué sirve?

AGENTE: Es el motor del aire acondicionado. Tiene salidas en el salón y en las habitaciones.

ISABEL: ¡Aire acondicionado! Nunca había tenido aire acondicionado. ¿Y cómo funciona?

AGENTE: Muy fácil, con el mando a distancia. Pulse aquí para que se encienda. Y si quiere más o menos temperatura gire esta rueda. Aunque yo que usted lo dejaría siempre en esta posición.

ISABEL: ¿Por qué?

ESTHER: Bueno, Isabel, ahora no tenemos tiempo para ver cómo funciona todo.

ISABEL: Es que es fantástico que vayamos a tener aire acondicionado.

MIGUEL: Bueno, ¿y qué tipo de contrato nos haría?

AGENTE: El contrato sería por un año prorrogable. Y tendrían que pagar dos meses de renta en concepto de fianza. Pueden rescindirlo antes, pero hay que avisar con 15 días de antelación.

ESTHER: ¿Están incluidos todos los gastos?

AGENTE: No, sólo los de la comunidad. Ustedes deben pagar la luz, el agua y el teléfono. La calefacción es calefacción central y también está incluida. ¿Necesitan garaje?, es opcional.

MIGUEL: No, no tenemos auto.

AGENTE: En fin, yo en su lugar lo decidiría pronto, porque hay más personas interesadas. Es mejor que se pasen esta tarde por la agencia inmobiliaria. Si traen todos los documentos lo podemos firmar hoy mismo.

Cadena Eco

Semana del hogar en Bulevar Comercial. Muebles, electrodomésticos, ropa de cama, mantelerías, vajillas, cuberterías... Visita ahora nuestras tiendas y aprovéchate de unos precios nunca vistos. Por ejemplo, juego de seis toallas de algodón ideales para tu baño y disponible en varios colores, antes 45 euros, ahora 29; vajilla de 20 piezas de porcelana blanca, antes 120 euros, ahora 99; mesa de cocina de aluminio y cristal, antes 70 euros, ahora 49. Son los siete días de oro de Bulevar Comercial: del 10 al 17 de abril.

UNIDAD 7

LUCÍA: Bueno, Fermín, ya que hemos decidido casarnos, tendremos que organizarlo todo, que hay muchas cosas que hacer. Lo primero, nos casamos por lo civil, ¿no?

FERMÍN: No, no. Mejor por la iglesia, es más romántico. Además, toda mi familia se ha casado en la ermita de San Miguel.

LUCÍA: Pues me extraña que tu hermano Ernesto se haya casado por la iglesia. Se dejaría convencer por tu madre. Y querrás que demos un banquete, por supuesto.

FERMÍN: Sí, en el restaurante Torre de Babel, como toda mi familia. Además, mi madre ya ha hablado con el cura y podemos casarnos el día 23 de abril a las cinco de la tarde. Tienes que pensar en el vestido, el ramo...

LUCÍA: ¡Ah, sí, el ramo! Pero lo que no voy a hacer es tirarlo a la salida de la iglesia. Me pone nerviosa que las chicas solteras estén esperando a que les tire el ramo. A mí esas tradiciones no me gustan. Me molesta que la gente haga siempre lo mismo por pura tradición.

FERMÍN: Bueno, pero lo del arroz a la salida de la iglesia, sí. Me encanta. Y lo de los recuerdos, también. Pero no te preocupes, también se encargará mi madre.

LUCÍA: Claro que me preocupo, espero que no los haya comprado ya. Está bien que tu madre nos ayude, pero prefiero que lo hagamos nosotros.

FERMÍN: A lo mejor ya los ha encargado.

LUCÍA: ¿Y nos ha encargado también la lista de bodas?
FERMÍN: No, Lucía, qué va, eso lo hacemos nosotros.
LUCÍA: La verdad es que la lista de bodas sí es práctica. Podemos seleccionar los regalos que necesitamos, nada de jarrones y cosas inútiles.
FERMÍN: Vale. Pero quizá mi madre pueda acompañarnos para aconsejarnos.
LUCÍA: Mira, le agradezco mucho a tu madre que se haya ofrecido a ayudarnos, pero hay cosas que tenemos que hacer nosotros solos. Por ejemplo, decidir dónde vamos de viaje de Luna de Miel. Me acuerdo de que mi hermana y mi cuñado se fueron a Canarias y volvieron encantados.
FERMÍN: Ah, sí, sí. Lo de la Luna de Miel es fundamental. Mi madre me ha traído unos catálogos de viajes a Cancún que son maravillosos.
LUCÍA: Es raro que no nos haya organizado también la despedida de solteros. ¿O lo ha hecho?
FERMÍN: No, tranquila, eso es cosa nuestra. Bueno, venga, vamos a escribir la invitación de boda.

Cadena Eco

Realiza todos los preparativos de tu boda a través de El Portal de las Bodas. Una página web que ofrece el sistema de gestión de Listas de Boda, seleccionando los regalos en cualquiera de las 300 tiendas asociadas, y donde los invitados podrán acceder durante las 24 horas del día, los 365 días del año. Además, encontrará una amplia selección de artículos de moda para novios, belleza, decoración o destinos de Luna de Miel. portaldelasbodas.com, el sitio de las celebraciones.

Expresión oral

- ¿Sabes lo que pasó en la boda de una amiga mía?
– ¿Qué pasó?
- Cuando los novios salieron de la iglesia, todos querían hacerse la típica foto con la pareja. Como eran muchos invitados, aquello se hizo muy largo. Mientras tanto, todas mis amigas estaban esperando para ver si la novia les tiraba el ramo. Así que después de las fotos, la novia se acercó al grupo de solteras y lanzó el ramo al aire, pero con tan mala suerte que se cayó a un charco.
– ¿Quién? ¿La novia?
- No, mujer, el ramo. Estaban todas muy nerviosas y ninguna pudo agarrarlo.
– ¡Ah!

UNIDAD 8

LOCUTOR TV: La noticia que les vamos a narrar a continuación es la de un suceso que ha dejado sorprendida a media España: los restos de un posible meteorito cayeron ayer en la provincia de Lugo, aunque el fenómeno fue visto desde diversos puntos de toda Galicia. Algunos testigos dijeron que habían visto caer del cielo "bolas de fuego". La Guardia Civil confirmó a la agencia de noticias Efe que había caído un objeto extraño, pero que no han encontrado todavía ningún resto. Hemos hablado con el director del Observatorio Astronómico de Santiago de Compostela y le hemos preguntado si se puede hablar realmente de un meteorito.
VOZ DEL ENTREVISTADO: Mire, no se puede hablar de un objeto extraterrestre hasta que no existan restos que lo verifiquen. Pero dado que el objeto fue visto en muchos lugares de Galicia y a plena luz del día su tamaño podría tener una masa de entre 50 y 100 toneladas.
JORGE: Esto es lo más interesante que oí en mucho tiempo.
ALICIA: ¿Por qué?
JORGE: ¿No oyes? Están diciendo que ayer cayó un meteorito gigante. Es curiosísimo.
ALICIA: ¡Ya! Lo he oído esta mañana en la radio. Pero seguro que eso se lo han inventado para promocionar Galicia. Es como una campaña publicitaria.
JORGE: ¿Pero qué dices, Alicia? Esto es un programa de noticias serio. Calla y escucha.
LOCUTOR TV: Desde el CSIC se ha pedido a los habitantes de la zona que si encuentran restos, los entreguen a la policía y no se los guarden.
ALICIA: No aparecen los restos. Una cosa tan grande que choca contra la Tierra tendría que encontrarse, ¿no? Seguro que alguien sale diciendo que eran platillos volantes.
JORGE: No digas tonterías y déjame escuchar.
ALICIA: Da igual, ahora están dando los anuncios...
JORGE: Ah, voy a mirar en el periódico, a ver si dicen algo más.
ALICIA: Creo que lo está leyendo Raquel en su habitación.
JORGE: ¿Podrías decirle que me lo deje un momento?
ALICIA: Díselo tú. A mí me ha pedido que no la molestemos. Oye, si tienes tanto interés en esa noticia, consúltala en Internet.

Cadena Eco

Suscríbase al diario LA CIUDAD antes del 15 de mayo y tendrá un 20% de descuento en los coleccionables semanales: los lunes los mejores libros de aventuras; los martes "Los discos de tu vida", recupera la mejor música de los años 80; los viernes "Un país de cine", 45 títulos del mejor cine español en DVD. Además, si se suscribe ahora, accederá gratis a LA CIUDAD.ES y descubrirá un nuevo concepto de información digital. Suscripción anual, 80 euros, suscripción semestral, 50 euros. Diario LA CIUDAD, entre en el club de los mejor informados.

Gramática

1.
- ¿Sí?
– ¿Está Álvaro, por favor?
- No, no está.
– Oye, ¿le puedes decir que le ha llamado Elena? Quiero saber si se va a quedar en casa el fin de semana, ¿vale? Dile que me lo diga en cuanto lo sepa.
- Muy bien, yo se lo diré.

2.
- Banco de la Empresa, ¿dígame?
– Buenos días, ¿está el Sr. Gallardo, por favor?
- De parte de quién?
– Silvia García Hortelano.
- Lo siento, Sra. García, pero el Sr. Gallardo no está en este momento. ¿Quiere dejarle algún recado?
– Sí, por favor, dígale que hemos cambiado la hora de la reunión. Será a las tres y media en vez de a las cuatro y media.
- Se adelanta una hora, ¿no? Muy bien, no se preocupe, yo se lo digo.

3.
- ¿Diga?
– Hola, soy Jaime, ¿está mi hermana?
- ¡Ah! Hola, Jaime. No está, ha salido. ¿Le digo que te llame luego?
– Bueno. Pero mira, recuérdale que es el cumpleaños de la abuela y que me llame al móvil porque tenemos que ir a comprarle un regalo.
- Vale, yo se lo digo.

Glosario

ESPAÑOL	ALEMÁN	FRANCÉS	INGLÉS	ITALIANO	PORTUGUÉS
abdomen (el)	Unterleib	abdomen	abdomen	addome	abdômen
abogado, a (el, la)	Anwalt	avocat	lawyer	avvocato	adbogado
acidez (la)	Säure	acidité	acidity	bruciore di stomaco	anedota(sf)
aconsejar	anraten	conseiller	to advise	consigliare	aconselhar
acordarse	sich erinnern	se souvenir	to remember	accordarsi	lembrar-se
adelgazar	dünner werden	maigrir	to thin out	assottigliare	emagrecer
administrativo/a	Verwaltuns	employé de bureau	administrator	impiegato	administrativo
adosado, a	angebaut	mitoyen	semidetached	villette a schiera	adosado
advertencia (la)	Warnung	mise en garde	notice, warning	avvertenza	advertência
afueras (las)	Umgebung	les environs	suburb	dintorni	arredores
agradecer	danken	remercier	to thank	ringraziare	agradecer(vt)
ahorrar	sparen	économiser	to save	risparmiare	economizar
alianza (la)	Trauring	alliance	wedding ring	fede	anel de casamento
alimento (el)	Nahrung	aliment	food	alimento	alimento
aliviar	erleichtern	soulager	to relieve	alleviare	aliviar (vt)
alquilar	(ver-)mieten	louer	to rent, to hire	appigionare	alugar
ambicioso, a	strebsam	ambitieux	ambitious	ambizioso, bramoso	ambicioso
ameno, a	lieblich	agréable	pleasant	ameno	ameno
ampolla (la)	Wasser-Blase	ampoule	blister	ampolla, vescichetta	ampola (sf)
anécdota (la)	Anekdate	anecdote	anecdate	aneddoto	anedota (sf)
anemia (la)	Blutarmut	anémie	anaemia	anemia	anemia (sf)
anillo (el)	Ring	bague	ring	anello	anel (sm)
antiácido (el)	Gegensauer	contre l'acidité	antiacid	antiacido	antiácido
antiguo, a	alt	ancien	ancient	antico	antigo
aprobar	Prüfung erkennen	être reçu	to pass	superare	aprovar
aprovechar	wohl bekommen	profiter	to profit	approfittare	aproveitar
aptitud (la)	Eignung	aptitude	aptitude	attitudine	aptidão
apuntes (los)	Aufzeichnungen	notes	notes	appunti	anotacões
ardor (el)	Sodbrennen	brûlures	ardor	bruciore di stomaco	ardor
armario empotrado (el)	Schrank einmauern	armoire encastrée	built in wardrobe	armadio a muro	armario embutido
arqueológico, a	archäologisch	archéologique	archaeology	archeologia	arqueológico
arquitecto, a (el, la)	Baumeister	architecte	architect	architetto	arquiteto
arras (las)	Handgeld	arrhes	earnest money	caparra	arras
artesanía (la)	Kunsthandwerk	artisanat	arts and crafts	artigianato	artesanato
aseo (el)	kleine Toilett	cabinet de toilette	toilett	secondo bagno	asseio
asesor, a (el, la)	Assessor	assesseur	advisor	consulente	assessor
asignatura (la)	Lehrfach	matière	subject	materia	disciplina
astronomía (la)	Sternkunde	astronomie	astronomy	astronomia	astronomía
ático (el)	Dachwohnung	dernier étage	attic, top flat	attico	ático
aumentar	vergrössern	augmenter	to increase	aumentare	aumentar
autocar (el)	Reiseomnibus	autocar	bus	pullman	ônibus
autorización (la)	Bevollmächtigung	autorisation	authorization	autorizzazione	autorização
ave (el)	Vogel	oiseau	bird	uccello	ave
averiguar	untersuchen	vérifier	to find out, to investigate	verificare	averiguar
balneario (el)	Bade	station thermale	bathing resort	stabilimento balneare	balneário
banquete (el)	Gastmahl	banquet	banquet	banchetto	banquete
bañar	baden	baigner	to bathe	bagnare	banhar
barbilla (la)	Kinnspitze	menton	point of the chin	mento	queixo
biblioteca (la)	Bibliothek	bibliothèque	library	biblioteca	biblioteca
biología (la)	Lebenskunde	biologie	biology	biologia	biología
boca (la)	Mund	bouche	mouth	bocca	boca
bosque (el)	Wald	bois/forêt	forest, woods	bosco	bosque
breve	kurz	bref	brief	breve	breve, curto
bromear	scherzen	plaisanter	to joke	scherzare	caçoar (vi)
bucear	tauchen	plonger	to dive	nuotare	mergulhar (vt)
butaca (la)	gosser Lehnstuhl	fauteuil	armchair, seat	poltrona	poltrona
calentador (el)	Heizgerät	chauffe-eau	heater	scaldabagno	aquecedor
calificación (la)	Benennung	note	grade	qualificazione	qualificação
calmar	beruhigen	calmer	to calm	calmare	acalmar (vt)
canal (el)	Fernsehkanal	canal	channel	canale	canal
candidato, a (el, la)	Kandidat	candidat	candidate	candidato	candidato
cansado, a	müde	fatigué	tired	stanco	cansado
capacidad (la)	Fassungsvermögen	capacité	capacity	capienza	capacidade
característica (la)	Charakteristik	caractéristique	characteristic	caratteristica	característica
cardiología (la)	Herzkuns	cardiologie	cardiology	cardiologia	cardiologia
cariñoso, a	liebevoll	affectueux	affectionate	affettuoso	carinhoso

Glosario

ESPAÑOL	ALEMÁN	FRANCÉS	INGLÉS	ITALIANO	PORTUGUÉS
cartelera (la)	Aushängetafeln	rubrique des spectacles	billboard	portafoglio	armação para cartazes
casualidad (la)	Zufall	hasard	chance, accident	casualità	casualidade
catálogo (el)	Katalog	catalogue	catalogue	catalogo	catálogo
catarata (la)	Wasserfall	chute	waterfall	cateratta	catarata
catedral (la)	Dom	cathédrale	cathedral	cattedrale	catedral
categoría (la)	Art	catégorie	category	categoria	classe
celebrar	feiern	fêter	to celebrate	celebrare	celebrar
celos (los)	Eifersucht	jalousie	jealousy	gelosia	ciúmes
centralita (la)	Fernsprechamt	standard	switchboard	centralino	posto telefônico
céntrico, a	mittel	central	central	centrico	centro, central
cerámica (la)	Töpferkunst	céramique	pottery	ceramica	cerâmica
cercano, a	nahe	proche	near	prossimo	próximo
ceremonia (la)	Feierlichkeit	cérémonie	ceremony	cerimonia	cerimônia
certificado (el)	Zeugnis	certificat	certified	certificato	certificado
chalé (el)	Ladhaus	villa	house	villino, villeta	chalé
charlar	plaudern	discuter/bavarder	to chat	ciarlare	bater papo
cheque (el)	Scheck	chèque	check	assegno	cheque
cielo (el)	Himmel	ciel	sky	cielo	céu
ciencia-ficción (la)	Science-fiction	science-fiction	science-fiction	fantascienza	ficção científica
cinematográfico, a	film	cinématographique	cinematograhic	cinematografico	cinematográfico
circo (el)	Zirkus	cirque	circus	circo	circo
circuito (el)	Kreislauf	circuit	circuit	circuito, giro	circuito
clínica (la)	Klinik	clinique	clinic	clinica	clínica
cobro (el)	Erhebung	encaissement	collection	incasso	pagamento
cocinar	kochen	cuisiner	to cook	cucinare	cozinhar
codo (el)	Ellbogen	coude	elbow	gomito	cotovelo
colaborar	mitarbeiten	collaborer	to collaborate	collaborare	colaborar
comedia (la)	Lustspiel	comédie	comedy	commedia	comédia
comentar	erklären	commenter	to comment	commentare	comentar
comenzar	anfangen	commencer	to begin	cominciare	começar
comisaría (la)	Kommisariat	comissariat	police office	questura	delegacia
comodidad (la)	Bequemlichkeit	confort	comfort	comodità	comodidade
compartir	teilen mit	partager	to share	spartire	partilhar
comportamiento (el)	Betragen	comportement	conduct, behavior	comportamento	comportamento
composición (la)	Verbindung	composition	composition	composizione	composição
comprimido (el)	Tablette	comprimé	medicinal tablet	compressa	comprimido
comprobar	bestätigen	vérifier	to check	comprovare	comprovar
común	gemeinsam	commun	common	comune	comum
comunicación (la)	Mitteilung	communication	communication	comunicazione	comunicação
concluir	(ab)schliessen	conclure	to conclude	concludere	concluir
condición (la)	Bedingung	condition	condition	condizione	condição
conectar	schalten	brancher	to connect	connettere	conectar
consejo (el)	Rat	conseil	advice	consiglio	conselho
considerar	bedenken	considérer	to consider	considerare	considerar
constatar	ferstellen	constater	to proof	constatare	constatar, comprovar
construcción (la)	Bauen	construction	construction	costruzione	construção
consulta (del médico) (la)	Srechstunde	cabinet (médical)	doctor's office	consultorio	consulta
consumo (el)	Verbauch	consommation	consumption	consumo	consumo
contabilidad (la)	Rechnungswesen	comptabilité	accounting	contabilità	contabilidade
contable (el, la)	Buchalter	comptable	accountant	ragioniere	contável
contestador automático (el)	Anrufbeantworter	répondeur automatique	answerphone	segreteria telefonica	secretária eletrónica
contraindicación (la)	Gegenanweisung	contre-indication	contraindication	controindicazione	contraindicação
contrastar	widerstehen	comparer	to test	contrastare	contrastar
contratar	einstellen	engager	to hire	contrattare	contratar
convertirse	sich verwandeln	devenir	to become	trasformarsi	converter-se
convite (el)	Gastmahl	invitation à dîner	invitation, banquet	banchetto	convite
cordillera (la)	Gebirgskette	cordillère	mountain range	cordigliera	cordilhera
corregir	korrigieren	corriger	to correct	correggere	corrigir
corrupción (la)	Verderben	corruption	corruption	corruzione	corrupção
cortina (la)	Vorhang	rideau	curtain	tenda	cortina
costa (la)	Kosten	côte	coast	costa	litoral
coste (el)	Preis	coût	cost	costo	custo
costumbre (la)	Gewohnheit	habitude	custom	prassi	costume
cotidiano, a	täglich	quotidien	daily	quotidiano	cotidiano
crítica (la)	Kritik	critique	criticism	critica	crítica
cuello (el)	Hals	cou	neck	collo	pescoço

Glosario

ESPAÑOL	ALEMÁN	FRANCÉS	INGLÉS	ITALIANO	PORTUGUÉS
cuidadoso, a	sarfältig	soigneux	carefull	meticoloso	cuidadoso
cuidar	sorgen	soigner	to take care of	curare	cuidar
cuñado, a (el, la)	Schwager	beau-frère	brother in law	cognato	cunhado
cura (la)	Kur	soin	cure	cura	cura
deberes (los)	Hausaufgaben	devoirs	homework	compito	tarefas
decisión (la)	Entscheidung	décision	decision	decisione	decisão
declarar	erklären	déclarer	to declare	dichiare	declarar
decoración (la)	Ausscmückung	décoration	decoration	decorazione	decoração
definición (la)	Erklärung	définition	definition	definizione	definição
delegado, a (el, la)	Beauftragter	délégué	delegation	rappresentante	magro
demostrar	beweisen	démontrer	to demostrate	dimostrare	demostrar
dentista (el, la)	Zahnarzt	dentiste	dentist	dentista	dentista
deprimido, a	(niedr)gedrückt	déprimé	depress	depresso	deprimido
dermatología	Lederhautkunst	dermatologie	dermatology	dertatologia	dermatologia
desarrollar	abwickeln	développer	to develop	sviluppare	desenvolver
descanso (el)	Ruhe	repos	to rest	riposo	descanso
descubrir	aufdecken	découvrir	to discover	scoprire	descubrir
desgracia (la)	Unglück	malheur	misfortune	disgrazia	desgraça
desierto (el)	Wüste	désert	deserted	deserto	deserto
despedida de soltero (la)	Junggesellenabschied	enterrement de la vie de garçon	stag party	festa d'addio al celibato	despedida de solteiro
diente (el)	Zahn	dent	tooth	dente	dente
digestivo, a	verdauung fördernd	digestif	digestive	digestivo	digestivo
diplomado, a	diplomat	diplômé	diplomat	diplomato	diplomado
directivo, a (el, la)	Leitend	dirigeant	directive	dirigente	directivo
disculparse	sich entschuldigen	s'excuser	to apologize	scusarsi	disculpar-se
disfrutar	geniessen	profiter	to enjoy	godere	desfrutar
divertirse	sich amüsieren	s'amuser	to have a good time	divertirsi	divertir-se
doctorado (el)	Doktorprüfung	doctorat	doctor's degree	dottorato di ricerca, laurea	doutorado
dolencia (la)	Krankheit	maladie	ache	malattia	doença
doméstico, a	häuslich	domestique	domestic	domestico	empregado doméstico
domicilio (el)	Wohnung	domicile	home	domicilio	endereço
dosis (la)	Dosis	dose	dose	dosi	dose
drama (el)	Drama	drame	drama	dramma	drama
ducha (la)	Dusche	douche	shower	doccia	ducha
dúplex (el)	zweistöckige Wohnung	duplex	splitlevel flat, duplex	appartamento a due piani	duplex
ecológico, a	ökologisch	écologique	ecological	ecologico	ecológico
educativo, a	lehr	éducatif	educational	educativo	educativo
eficaz	wirksam	efficace	effective	efficace, attivo	eficaz
ejecutivo, a (el, la)	Exekutive	cadre supérieur	executive	dirigente, manager	executivo
electricidad (la)	Elekrizität	électricité	electricity	elettricità	eletricidade
elegante	elegant	élégant	elegant	elegante	elegante
empleo (el)	Anwendung	emploi	employment	impiego	emprego
encantador, -a	bezaubernd	charmant	charming	incantatore	encantador
encantar	bezaubern	adorer	to charm	incantare	encantar
encender	anzünden	allumer	to light	accendere	acender
enchufar	anschliessen	brancher	to plug	accendere	conectar
encuesta (la)	Nachforchung	enquête	search	indagine	pesquisa
energía (la)	Leistung	énergie	energy	energia	energia
enfermería (la)	Krankenvier	infirmerie	infirmary	infermeria	enfermeira
enfermo, a	krank	malade	sick, ill	malato	doente
enfriar	kühlen	refroidir	to cool	raffreddare	esfriar
enorme	ungeheuer	énorme	enormous	enorme	enorme
enseñanza (la)	Lehre, Unterricht	enseignement	teaching	insegnamento	ensino
entregar	übergeben	remettre	to deliver	consegnare	entregar
entrevistar	ausfragen	avoir un entretien avec	to interview	intervistare	entrevistar
ermita (la)	Einsiedelei	ermitage	hermit	eremo	ermida
escalera (la)	Treppe	escalier	stairs	scala	escada
escaparse	sich davonmachen	s'échapper	to run away	scappare	escapar-se
escaso, a	karg, selten	rare	scarce	scarso	escasso
esfuerzo (el)	Anstrengung	effort	effort	sforzo	esforço
especialización (la)	Fach	spécialisation	specialization	specializzazione	especialização
espectáculo (el)	Schauspiel	spectacle	spectacle	spettacolo	espetáculo
espectador, -a (el, la)	Zuschauer	spectateur	spectator	spetttatore	espectador
esperanza (la)	Hoffnung	espoir	hope	speranza	esperança
espeso, a	dick	épais	thick	spesso	espesso
esquina (la)	Ecke	coin	corner, angle	spigolo, angolo	esquina
estadística (la)	Stadistik	statistique	statistics	statistica	estatística
estar de acuerdo	verstanden	être d'accord	to agree	essere d'accordo	estar de acordo
estar harto	satt haben	en avoir assez	to be fed of	essere stufo	estar farto

Glosario

ESPAÑOL	ALEMÁN	FRANCÉS	INGLÉS	ITALIANO	PORTUGUÉS
estatua (la)	Statue	statue	statue	statua	estátua
estilo (el)	Stil	style	style	stile	estilo
estomatología (la)	Magenkunst	stomatologie	stomachtology	stomatologia	estomatologia
estornudo (el)	Niesen	éternuement	sneeze	starnuto	espirro
estrategia (la)	Strategie	stratégie	strategy	strategia	estratégia
estrés (el)	Stress	stress	stress	stress	stress
estructura (la)	Struktur	structure	structure	struttura	a estrutura
estudio (el)	Studierzimmer	étude	studio	studio	estudio
evidente	augenscheinlich	évident	evident	evidente	evidente
evocar	anrufen	évoquer	to evoke	ecvocare	evocar, lembrar
evolución (la)	Entwicklung	évolution	evolution	evoluzione	evolução
exceder	übersteigen	excéder	to exceed	eccedere	exceder
excelente	vortreffich	excellent	excellent	eccellente	excelente
excepcional	ausserordentlich	exceptionnel	exceptional	eccezionale	excepcional
excepto	ausgenommen	sauf	except	eccetto	exceto
exótico, a	exotich	exotique	exotic	esotico	exótico
explicación (la)	Erklärung	explication	explanation	spiegazione	explicação
extenso, a	weit	étendu	vast, spacious	estenso	extenso
exterior	äusserlich	extérieur	exterior, outer	esteriore	exterior
extrañarse	sich wundern	s'étonner	to marvel	parere strano	estranhar
extraordinario, a	aussergewöhnlich	extraordinaire	extraordanary	straordinario	extraordinário
extraterrestre (el)	ausserirdisch	extra-terrestre	extraterrestial	extraterestre	extraterrestre
factura (la)	Warenrechnung	facture	invoice	fattura	nota fiscal
fallo (el)	Schiedsspruch	erreur	mistake	fallo	sentença
fantástico, a	wunderlich	fantastique	fantastic	fantastico	fantástico
farmacéutico, a (el, la)	Apotheker	pharmaceutique	pharmacist	farmacista	farmacêutico
felicitar	gratulieren	féliciter	to congratulate	congratularsi	cumprimentar
fianza (la)	Bürgschaft	caution	bond, guarantee	garanzia	fiança
filtro (el)	Filter	filtre	filter	filtro	filtro
finalidad (la)	Zweck	but	objective	finalità	finalidade
finalizar	beendigen	terminer	to finish	finire	concluir
firma (la)	Unterzeichnung	signature	signature	firma	assinatura
folleto (el)	Broschüre	brochure	pamphlet	opusculo	folheto
formación (la)	Bildung	formation	formation	formazione	formação
frecuencia (la)	Wiederholung	fréquence	frequency	frequenza	frecuencia
fresco, a	kühl	frais	fresh, cool	fresco	fresco
frontera (la)	Grenze	frontière	border	frontiera	fronteira
garantía (la)	Garantie	garantie	guaranty	garanzia	garantía
gasto (el)	Ausgabe	frais	expense	spesa, dispendio	gasto
gastritis (la)	Magenschleimhautentzündung	gastrite	gastritis	gastrite	gastrite
gen (el)	Gen	gène	gen	gene	gene
geográfico, a	erdkundlich	géographique	geographical	geografico	geográfico
gigante	riese	géant	gigantic	gigante	gigante
ginecología (la)	Gynäkologie	ginécologie	gynecology	ginecologia	ginecologia
graduado/a	Doktorand	brevet (ancien)	graduate	laureato	graduado
grueso, a	dick, gross	gros	fat	grosso	grosso
guía (el, la)	Reiseführer	guide	guide, leader	guida, cicerone	guia
guión (el)	Drehbuch	scénario	script	copione	roteiro
guionista (el, la)	Drehbuchautor	scénariste	scriptwriter	sceneggiatore	roterista
habitante (el, la)	Bewohner	habitant	inhabitant, resident	abitante	habitante
hábito (el)	Gewohnheit	habitude	habit	abitudine	hábito
hepático, a	Leber	hépathique	hepatitic	epatico	hepático
hígado (el)	Leber	foie	liver	fegato	fígado
higiene (la)	Gesundheitslehre	hygiène	hygiene	igiene	higiene
hipótesis (la)	Hypothese	hypothèse	hypothesis	ipotesi	hipótese
horario (el)	Stundenzeiger	horaire	schedule, timetable	orario	horario
horno (el)	Ofen	four	oven	forno	forno
hospedarse	Wohnung nehmen	se loger	to take lodging	ospitarsi	hospedar-se
iglesia (la)	Kirche	églisc	church	chiesa	igreja
imaginar	ausdenken	imaginer	to imagine	immaginare	imaginar
importancia (la)	Wichtigkeit	importance	importance	importanza	importância
importar	wichtig sein	importer	to matter	importare	interesar
incendio (el)	Brand	incendie	conflagration, fire	incendio	incêndio
incentivo (el)	Reizmittel	commission	incentive	incentivo	incentivo
incluir	einschliessen	inclure	to include	includere	incluir
inconveniente (el)	Hindernis	inconvénient	inconvenient	inconveniente	inconveniente
increíble	unglaublich	incroyable	incredible	incredibile	incrível
indicación (la)	Anweisung	indication	indication	indicazione	indicação
indígena	eingeboren	indigène	indigenous, native	indigeno	indígena

Glosario

ESPAÑOL	ALEMÁN	FRANCÉS	INGLÉS	ITALIANO	PORTUGUÉS
infección (la)	Ansteckung	infection	infection	infezione	infecção
iniciar	beginnen	initier	to initiate	iniziare	começar
inmediato, a	sofortig	immédiat	near, close	inmediato	imediato
inmobiliaria (la)	Immobilienbüro	agence immobilière	real state broker	immobiliaria	imobiliária
inolvidable	unvergesslich	inoubliable	unforgettable	indimenticabile	inesquecivel
inquilino, a (el, la)	Mieter	locataire	tenant, renter	inquilino	inquilino
insistir	dringen	insister	to insist	insistire	insistir
instalar	installieren	installer	to install	installare	instalar
insuficiencia (la)	Unzulänglichkeit	insuffisance	insufficiency	insufficienza	insuficiencia
intentar	versuchen	essayer	to attempt, to try	tentare	intentar
intercambio (el)	Vermitlung	échange	interchange	scambio	intercambio
interés (el)	Nutzen	intérêt	interest	interesse	interesse
interesar	interessieren	intéresser	to interest	interesare	interessar
interior	innerer	intérieur	interior, inner	interiore	interior
interlocutor, -a (el, la)	Gesprächspartner	interlocuteur	participant in a dialogue	interlocutore	interlocutor
interpretación (la)	Spiel	interprétation	interpretation	interpretazione	interpretação
interrumpir	ausschalten	interrompre	to interrupt	interrompere	interromper
interruptor (el)	Schalter	interrupteur	electric switch	interruttore	interruptor
intervención (la)	Eingriff	intervention	participation	intervento	intervenção
intestino (el)	Darm	intestin	intestine	intestino	intestino
introducir	einführen	introduire	to get in	diffondere	introduzir
investigar	untersuchen	faire des recherches	to investigate	investigare	investigar, averiguar
invitación (la)	Einladun	invitation	invitation	invito	convite
invitado, a (el, la)	Gast	invité	invited	invitato	convidado
irritar	reizen	irriter	to irritate	irritare	irritar
isla (la)	Insel	île	island	isola	ilha
itinerario (el)	Reiseplan	itinéraire	itinerary	itinerario	intinerário
jurídico, a	juristich	juridique	juridic	giuridico	jurídico
juventud (la)	Jugend	jeunesse	youth	gioventù	juventude
laboral	bestellbar	du travail	pertaining to labor	lavorativo	trabalhista
lago (el)	See	lac	lake	lago	lago
lector, -a (el, la)	Leser	lecteur	reader	lettore	leitor
legumbre (la)	Hülsenfrucht	légume sec	vegetable	legumi	legume
leve	gering	léger	light	lieve	leve
licenciarse	sein Staatexamen ablegen	passer sa licence	to get the degree	laurearsi	concluir serviço militar
líquido (el)	Flüssigkeit	liquide	liquid	liquido	líquido
lista de boda (la)	(Hochzeits-)Geschenkliste	liste de mariage	wedding list	lista di nozze	lista de casamento
lógico, a	logisch	logique	logical	logico	lógico
longevidad (la)	Langlebigkeit	longévité	longevity	longevità	longevidade
luna de miel (la)	Flitterwochen	lune de miel	honey moon	luna di miele	lua de mel
maleficio (el)	Schaden	maléfice	spell, witchery	malefizio	malefício
mancha (la)	Fleck	tache	spot	macchia	mancha
mapa (el)	Landkarte	carte	map	mappa	mapa
mar (el)	Meer	mer	sea	mare	mar
marearse	seekrank werden	avoir mal au coeur	to get seasick	soffrire di vertigini	enjoar-se
mareo (el)	Seekrakheit	mal au coeur	seasickness	mal di mare	enjôo
masaje (el)	Massage	massage	massage	massaggio	massagem
matricularse	einschreiben	s'inscrire	to register	inscriversi	matricular-se
matrimonio (el)	Ehe	mariage	marriage	matrimonio	matrimônio, casamento
medicamento (el)	Arznei	médicament	medicament	medicina	medicamento
médula espinal (la)	Rückenmark	moelle épinière	spinal marrow	midollo spinale	medula
mejorar	bessern	améliorer	to better, to improve	migliorare	melhorar
merecer	verdienen	mériter	to deserve	meritare	merecer
meta (la)	Ziel	but	goal	meta	meta
meteorito (el)	Meteorite	météorite	meteorite	meteorite	meteorito
miedo (el)	Furcht	peur	fear	paura	medo
mitad (la)	Hälfte	moitié	half	metà	mitade
municipio (el)	Gemeinde	municipalité	municipality	municipio	município
músculo (el)	Muskel	muscle	muscle	muscolo	músculo
nación (la)	Nation	nation	nation	nazione	nação
narrar	erzählen	narrer	to narrate, to tell	narrare	narrar, contar
nativo, a	gebürtig	natif	native	nativo	nativo
naturaleza (la)	Natur	nature	nature	natura	natureza
náusea (la)	Übelkeit	nausée	nausea	nausea	enjôo
necesidad (la)	Notwendigkeit	besoin	necessity	necessità	necessidade
negociable	umsetzbar	négociable	negotiable	negoziabile	negociável
neumología (la)	Lungenkunst	pneumologie	pneumology	neumologia	neumología
nota (la)	Anmerkung	note	mark	voto	nota fiscal
novio, a (el, la)	Braut	jeune marié	fiancé, bridegroom	sposo, fidanzato	namorado

Glosario

ESPAÑOL	ALEMÁN	FRANCÉS	INGLÉS	ITALIANO	PORTUGUÉS
nuera (la)	Schwiegertochter	belle-fille	daughter in law	nuora	nora
numeroso, a	zahlreich	nombreux	numerous	numeroso	numeroso
nupcial	Hochzeits	nuptial	nuptial	niziale	nupcial
nutritivo, a	nahrhaft	nutritif	nutritious	nutritivo	nutritivo
ojalá	wenn nur	pourvu que	I hope so!	magari!, voglia iddio!	tomara que
oponer	sich widersetzen	opposer	to oppose	opporsi	opor
oportunidad (la)	Zweckmässigkeit	occasion	opportunity	opportunità	oportunidade
oreja (la)	Ohr	oreille	ear	orecchio	orelha
paciente (el, la)	Patient	patient	patient	paziente	paciente
pago (el)	Zahlung	paiement	payment	pagamento	pagamento
paisaje (el)	Landschaft	paysage	landscape	paesaggio	paisagem
palacio (el)	Palast	palais	palace	palazzo	palácio
panorámica (la)	Überblick	panoramique	view	panoramica	vista panorámica
paracaídas (el)	Fallschirm	parachute	parachute	paracadute	paraquedas
pared (la)	Wand	mur	wall	parete	parede
particular	Privat	particulier	particular, private	particolare	particular
pasatiempo (el)	Zeitvertreib	passe-temps	pastime	passatempo	passatempo
paseo (el)	Spaziergang	promenade	walk	passeggiata	paseio
pastel (el)	Kuchen	gâteau	cake	pasta	torta
pecho (el)	Busen, Brust	poitrine	chest	petto, seno	peito
peligro (el)	Gefahr	danger	danger	pericolo	perigo
pena (la)	Leide	peine	shame, pity	pena	pena capital
perfeccionar	vervollkommen	perfectionner	to perfect	perfezionare	aperfeiçoar
periodista (el, la)	Journalist	journaliste	journalist, reporter	giornalista	jornalista
perjuicio (el)	Schaden	préjudice	damage	danno	prejuízo
permanecer	(ver)bleiben	rester	to remain	rimanere	ficar
pétalo (el)	Blütenblatt	pétale	petal	petalo	pétala
pisar	treten	écraser	to put on	pigiare	pisar
pizarra (la)	Wandtafel	tableau	blackboard	lavagna	lousa
placer (el)	Lust	plaisir	pleasure	piacere	prazer
platillo volante (el)	fliegende Untertasse	soucoupe volante	flying saucer	disco volante	disco voador
portero automático (el)	automatischer Türöffner	interphone	interphone	citofono	porteiro automático
predisposición (la)	Anlage	prédisposition	predisposition	predisposizione	predisposição
preparar	vorbereiten	préparer	to prepare	preparare	preparar
prestigio (el)	Einfluss	prestige	prestige	prestigio	prestígeo
presupuesto (el)	Kostenansclag	budget	budget	budget	orçamento
prevenir	warnen	prévenir	to prevent	prevenire	prevenir
privado	privat	privé	private	privato	privado
probable	wahrscheinlich	probable	probable	probabile	probable
proceso (el)	Prozess	processus	process	processo	processo
programar	programmieren	programmer	to programme, to program	programmare	programar
promocionar	promoten, fördern	promouvoir	to promote	promuovere	promover
prórroga (la)	Verlängerung	reconduction	prorrogation, extension	proroga, dilazione	prorrogação
prospecto (el)	Prospekt	prospectus	prospectus	prospetto	manual de intruçoes
proteger	(be)schützen	protéger	to protect	proteggere	proteger
psicología (la)	Psychologie	psychologie	psychology	psicologia	psicología
publicación (la)	Bekanntmachung	publication	publication	pubblicazione	publicação
público (el)	Públikum	public	public	pubblico	público
puerto (el)	Hafen	port	port, harbour	porto	porto
pulmón (el)	Lunge	poumon	lung	polmone	pulmão
quemadura (la)	Brandwunde	brûlure	burn	scottatura, bruciatura	queimadura
quincena (la)	vierzehn Tage	quinzaine	fortnight	quindicina	quincena
ramo (el)	Zweig	bouquet	bouquet	ramo	ramalhete
raro, a	selten	bizarre	rare, strange	raro	esquisito
recado (el)	Nachricht	commission	errand, message	incario, messaggio	recado
rechazar	rückweisen	refuser	to refuse, to reject	rifutare	rejeitar
recibo (el)	Empfang	reçu	receipt	bolletta	recibo
recomendar	empfehlen	recommander	to recommend	raccomandare	recomendar
redactar	abfassen	rédiger	to write	scrivere	redimir
relajar	schlaff machen	détendre	to relax	rilassare	relaxar
renal	Nieren	rénal	renal	renale	renal
renovar	erneuern	renouveler	to renew	rinnovare	renovar
reparar	reparieren	réparer	to repair, to fix	aggiustare	consertar
repaso (el)	Wiederholung	révision	revision	ripasso	revisão
requisito (el)	Erfordernis	condition requise	requirement	requisito	requisito
rescindir	aufheben	résilier	to cancel	rescindere	rescindir
resfriado (el)	Erkältung	rhume	cold	raffreddore	resfriado
residente	wohnhaft	résident	resident	residente	residente
respiratorio, a	Atmungs...	respiratoire	respiratory	respiratorio	respiratório

Glosario

ESPAÑOL	ALEMÁN	FRANCÉS	INGLÉS	ITALIANO	PORTUGUÉS
responsabilidad (la)	Verantwortlichkeit	responsabilité	responsability	responsabilià	responsabilidade
rico, a	reich	riche	rich	ricco	rico
rincón (el)	Winkel	coin	corner	angolo	canto
riñón (el)	Niere	rein	kidney	rene	rim
robar	rauben	voler	to steal, to rob	rubare	roubar
rodilla (la)	Knie	genou	knee	ginocchio	joelho
romántico, a	romantich	romantique	romantic	romantico	romântico
salario (el)	Lohn	salaire	salary	salario	salário
saludable	gesund	salutaire	healthy	sano	saudável
saludar	(be)grüssen	saluer	to greet	salutare	cumprimentar
sanitario, a	gesundheitlich	sanitaire	sanitary	sanitario	sanitário
seco, a	trocken	sec	dry	secco	seco
sed (la)	Durst	soif	thirst	sete	sede
selva (la)	Wald	jungle	forest, jungle	selva	selva
sencillo, a	einfach	simple	simple, easy	semplice	simples
sentimental	gefühvoll	sentimental	sentimental	sentimentale	sentimental
servir	dienen	servir	to be used for	servire	servir
silbar	pfeifen	siffler	to whistle	fischiare	assoviar
síntoma (el)	Anzeichen	symptôme	symptom	sintomo	sintoma
solicitar	sich bemühen	demander	to request	richiedere	solicitar
soltero, a	ledig	célibataire	unmarried	celibe, scapolo	soltero
solución (la)	Lösung	solution	solution	soluzione	solução
sonar	klingen	sonner	to sound	suonare	soar
subtítulo (el)	Subtitel	sous-titre	subtitle	sottotitolo	subtítulo
suegro, a	Schwiegervater	beau-père	father in law	suocero	sogro
suministro (el)	Lieferung	aprovisionement	supply	fornitura	fornecimento
superar	übertreffen	surmonter	to surpass	superare	superar
superstición (la)	Aberglaube	superstition	superstition	superstizione	superstição
suponer	voraussetzen	supposer	to suppose	supporre	supor
suscripción (la)	Unterzeichnung	souscription	subscription	sottoscrizione	suscrição
suspender	durchfallen lassen	être collé	to fail	bocciare	suspender
tapar	zudecken	couvrir	to cover	coprire	tampar
tarea (la)	Aufgabe	tâche	task	compito, lavoro	tarefa
tarifa (la)	Tarif	tarif	tariff, rate	tariffa	tarifa
telespectador, -a (el, la)	Fernsehteilnehmer	téléspectateur	televiewer	telespettatore	telespectador
termo (el)	Heizgerät	thermos	thermo	thermos	garrafa
terror (el)	Terror	terreur	terror	terrore	terror
tesis (la)	Doktorarbeit	thèse	thesis	tesi	tese
testigo (el, la)	Zeuge	témoin	witness	testimone	testemunha
titulación (la)	akademischen Titels	diplôme	confirmationof oneself	titolo	título
tortuga (la)	Schildröte	tortue	tortoise, turtle	tartaruga, testuggine	tartaruga
tóxico, a	giftig	toxique	toxic	tossico	tóxico
tradición (la)	Tradition	tradition	tradition	tradizione	tradição
transmitir	übertragen	transmettre	to transmit	trasmettere	transmitir
tráquea (la)	Luftröhre	trachée	trachea, windpipe	trachea	traquéia
trastero (el)	Rumpelkammer	débarras	junk	sgabuzzino	quarto de despejo
traumatología (la)	Trauma	traumatologie	traumatology	traumatologia	traumatologia
triunfar	triunphieren	triompher	to triunph	trionfare	triunfar
trozo (el)	Stück	bout	piece	pezzo	pedaço
turista (el, la)	Tourist	touriste	tourist	turista	turista
urgencias (las)	Dringlichkeit	urgences	urgency	pronto soccorso	pronto-socorro
urología (la)	Harnröhrekunst	urologie	urology	urologia	urología
vajilla (la)	Tafelgeschirr	vaisselle	dishes	vasellame	louça
valle (el)	Tal	vallée	valley	valle	vale
valorar	Wert	valoriser	to value	valutare	avaliar
vecino, a (el, la)	Nachbar	voisin	neighbouring	vicino	vizinho
vegetación (la)	Pflanzenwuchs	végétation	vegetation	vegetazione	vegetação
vestimenta (la)	Gewandung	vêtements	clothes	vestito	vestimenta
veterinario, a (el, la)	Tierarzt	vétérinaire	veterinary	veterinario	veterinário
virtud (la)	Fähihkeit	vertu	virtue	virtù	virtude
visado (el)	Visum	visa	visa	visto	visto
visita (la)	Besuch	visite	visit	visita	visita
vivienda (la)	Wohnung	logement	housing	casa, alloggio	moradia
volcán (el)	Vulkan	volcan	volcano	vulcano	vulcão
vomitar	brechen	vomir	to vomit	vomitare	vômitar
yerno (el)	Schwiegersohn	gendre	son in law	genero	genro

Tu primera novela

El sombrero de tres picos

Pedro Antonio de Alarcón

Lectura Clásica graduada por Alfredo González Hermoso
Revisada y didactizada por Carlos Romero Dueñas
y Alfredo González Hermoso

Tu primera novela
El sombrero de tres picos[1]

Primera parte

La historia que vamos a contar empieza a principios del siglo XIX. Reinaba en España Don Carlos IV de Borbón. El antiguo régimen dominaba todas las esferas de la vida política.

En Andalucía, donde ocurre[2] la historia, la gente seguía levantándose muy temprano[3]. Desayunaba[4] a las nueve, comía de una a dos de la tarde, dormía la siesta después de comer, se paseaba[5] por el campo, iba al Rosario[6] por la tarde. Los más ricos asistían a la tertulia[7] del Corregidor[8] o de alguien importante.

En aquel tiempo había cerca[9] de la ciudad un conocido molino. El molino era un lugar ideal de reunión de esta ciudad. Además el Molinero, el tío[10] Lucas, era un hombre muy discreto y muy comunicativo y ofrecía a los señores que venían a su tertulia lo que daba el campo.

Pero la razón más importante por la que el señorío[11] de la ciudad venía por las tardes al molino del tío Lucas era para admirar a la señá[12] Frasquita.

La señá Frasquita era la esposa del tío Lucas. Era una mujer "de bien" como decían los visitantes del molino. Tendría unos treinta años, era de gran estatura y algo gorda. Nunca había tenido hijos. Lo más notable[13] en ella era los movimientos y la gracia de su cuerpo.

Ni la señá Frasquita ni el tío Lucas eran andaluces. Ella era navarra[14] y él murciano[15]. Él había ido a la ciudad de *** a los quince años como criado[16] de un obispo[17] que le dejó en su testamento un molino. Pero a la muerte de éste se hizo soldado. En 1793 hizo la campaña[18] de los Pirineos occidentales y se quedó[19] mucho tiempo en las provincias del Norte.

En Estella[20] conoció a la señá Frasquita, la enamoró[21], se casó y se la llevó a Andalucía en busca de su molino.

• • •

El tío Lucas era muy feo. Lo había sido toda su vida y ya tenía cerca de cuarenta años. Sin embargo[22], era un hombre muy simpático y agradable.

---

1 **sombrero de tres picos:** sombrero que tiene la forma de un triángulo con el ala levantada.
2 **ocurre:** sucede, pasa.
3 **temprano:** pronto por la mañana.
4 **desayunar:** tomar un alimento ligero por la mañana.
5 **pasear:** andar.
6 **rosario:** costumbre religiosa.
7 **tertulia:** reunión de personas que se reúnen para hablar.
8 **Corregidor:** alcalde que nombraba el rey.
9 **cerca:** próximo.
10 **tío:** aquí, tratamiento popular que se da en algunos lugares a ciertas personas de edad.
11 **señorío:** conjunto de personas importantes.
12 **señá:** manera de hablar popular para decir señora.
13 **notable:** importante.
14 **navarra:** natural de Navarra.
15 **murciano:** natural de Murcia.
16 **criado:** persona que se emplea en el servicio de la casa.
17 **obispo:** prelado que dirige una diócesis.
18 **campaña:** conjunto de batallas.
19 **quedar(se):** estar.
20 **Estella:** ciudad de Navarra.
21 **enamorar:** excitar en uno la pasión del amor.
22 **sin embargo:** pero, no obstante.

Tu primera novela
El sombrero de tres picos

El tío Lucas era de pequeña estatura, por lo menos con relación a su mujer, cargado de espaldas[23], muy moreno, de poca barba, con una gran nariz y grandes orejas. Sin embargo, su boca era regular y tenía una buena dentadura. Tenía una voz hermosa y grave algunas veces, dulce y suave cuando pedía algo. Todo lo que decía era oportuno[24], discreto[25].

Amaba locamente[26] la señá Frasquita al tío Lucas y se consideraba la mujer más feliz del mundo puesto que[27] se veía adorada por él.

Como el matrimonio no tenía hijos, cada uno trataba al otro con delicadeza. Eran como esos compañeros de juegos y diversiones que se quieren con toda el alma sin decírselo nunca ni darse cuenta ellos mismos de lo que sienten.

El Molinero era el hombre mejor peinado[28], mejor vestido[29] y el que tenía en su casa las mejores cosas del mundo. La Molinera estaba tratada como una reina.

La señá Frasquita sabía barrer[30], bailar[31], cantar, tocar la guitarra y muchas cosas más.

Por su parte, el tío Lucas sabía dirigir el molino, cultivar[32] el campo, ayudar a su mujer en las cosas de la casa, leer, escribir, contar, etc.

Finalmente, en el molino, había una huerta[33] que producía toda clase de frutas, una fuente[34], dos burras[35] en las que el matrimonio iba a la ciudad o a los pueblos cercanos, etc.

El Molinero y la Molinera se adoraban locamente. La señá Frasquita solía tener celos[36]. Cuando el tío Lucas tardaba mucho en volver de la ciudad, le preguntaba dónde había estado. El tío Lucas tenía más confianza en su mujer. La dejaba sola días enteros y nunca preguntaba lo que había hecho ni quién había estado ahí durante su ausencia[37].

...

Eran las dos de una tarde de octubre. No era hora para dar un paseo pues todavía hacía demasiado calor. Parecía, pues, extraño que el Alguacil[38] y el Corregidor salieran a dar un paseo.

El Corregidor no se podía confundir con ninguna otra persona ni de día ni de noche por su enorme sombrero de tres picos y su capa[39] roja.

---

23 **cargado de espaldas:** persona que tiene la columna vertebral inclinada hacia adelante.
24 **oportuno:** que hace o dice las cosas en el momento adecuado.
25 **discreto:** prudente, moderado.
26 **locamente:** con locura.
27 **puesto que:** ya que.
28 **peinado:** aquí, participio de peinar, arreglar el pelo con el peine.
29 **vestido:** aquí, participio de vestir, llevar puesto un vestido.
30 **barrer:** quitar el polvo, la basura con la escoba.
31 **bailar:** mover el cuerpo al son de una música.
32 **cultivar:** trabajar la tierra.
33 **huerta:** terreno destinado al cultivo de verduras y frutas.
34 **fuente:** aquí, agua que sale de la tierra.
35 **burro:** asno.
36 **tener celos:** miedo de que una persona pueda preferir afectivamente a otra.
37 **ausencia:** tiempo en que alguien no está.
38 **alguacil:** funcionario de un ayuntamiento.
39 **capa:** prenda de vestir amplia, sin mangas, que se lleva sobre los hombros encima de la ropa.

Tu primera novela
El sombrero de tres picos

Era más cargado de espaldas que el tío Lucas y tenía una curiosa manera de andar.

Su nombre era Don Eugenio de Zúñiga y Ponce de León y había nacido en Madrid de familia ilustre. Tenía unos cincuenta y cinco años y llevaba cuatro de Corregidor[40].

El Alguacil, que seguía a veinte pasos de distancia al señor Corregidor, se llamaba Garduña y era delgado y agilísimo. Tenía cuarenta y ocho años y llevaba también un sombrero de tres picos pero mucho más pequeño que el del Corregidor. Por donde pasaba, la gente del pueblo se preguntaba por qué el Corregidor iba tan pronto[41] y solo a ver a la señá Frasquita.

Mientras tanto la señá Frasquita regaba[42], barría la plazoletilla[43] de delante del molino y colocaba media docena de sillas debajo de la parra[44] donde estaba subido el tío Lucas para cortar los mejores racimos[45] de uvas.

- ¡Cuidado, Lucas, no te vayas a caer!

- No te preocupes, mujer, estoy bien agarrado[46].

- Pero ¡calla! ¿Qué es lo que veo? El señor Corregidor viene por allí completamente solo. ¡Y tan temprano!

- Pues no le digas que estoy subido a la parra. Viene a declarar[47] su amor. Quiero divertirme escuchando.

Actividades

1. ¿En qué región de España ocurre la historia? ¿Cómo era la vida diaria en esa región a principios del siglo XIX?

2. ¿Quiénes son los dos personajes principales? Completa el cuadro.

	Personaje 1	Personaje 2
Nombre:		
Lugar de nacimiento:		
Descripción:		

3. ¿Quién le dio al tío Lucas el molino?

4. ¿Por qué el Corregidor iba al molino tan temprano aquel día?

---

40 **llevaba cuatro de Corregidor:** era Corregidor desde hacía cuatro años.
41 **pronto:** temprano.
42 **regar:** echar agua.
43 **plazoletilla:** pequeña plaza.
44 **parra:** vid que está en altura.
45 **racimo:** porción de uvas que produce la vid.
46 **agarrado:** participio de agarrar, sujetar con fuerza.
47 **declarar:** aquí, decir, comunicar.

Tu primera novela
El sombrero de tres picos

Segunda parte

En esto llegó el Corregidor.

- Dios te guarde[48], Frasquita, dijo el Corregidor, a media voz.

- Igualmente señor Corregidor, contestó ella. ¿Cómo viene usted tan pronto con el calor que hace? ¿Por qué no ha esperado a los demás señores? Esta tarde viene el Obispo para probar[49] las primeras uvas de la parra.

El Corregidor se había turbado[50].

- ¿Y Lucas? ¿Duerme?, preguntó.

- ¡Claro!, contestó la señá Frasquita. A estas horas se queda dormido en cualquier sitio.

- Pues mira... ¡déjalo dormir!, exclamó él. Y tú, mi querida Frasquita, escúchame..., oye..., ven aquí... ¡Siéntate a mi lado!... Tengo muchas cosas que decirte... ¡Frasquita! ¡Frasquita!, murmuró[51] el Corregidor.

- ¿Qué?, contestó ella.

- Lo que tú quieras, dijo el viejo con ternura[52].

- Pues lo que yo quiero, dijo la Molinera, es que usted nombre Secretario del Ayuntamiento de la Ciudad a un sobrino[53] mío que tengo en Estella.

- Pero eso es imposible, Frasquita.

- No me importa. ¡Verá usted qué guapo y bueno es mi sobrino!

- ¡Tú sí que eres guapa, Frasquita!

- ¿Le gusto a usted?

- ¡Que si me gustas!... ¡No hay mujer como tú!

Y hablando así, el Corregidor trató de coger el brazo de Frasquita, pero ésta le empujó[54] y el Corregidor se cayó de espaldas[55] con silla y todo.

- ¿Qué pasa ahí?, exclamó Lucas.

---

48 **Dios te guarde:** antigua expresión de cortesía para saludar a alguien.
49 **probar:** comer una pequeña porción.
50 **turbar:** sorprender mucho.
51 **murmurar:** aquí, hablar en voz baja.
52 **ternura:** calidad de tierno, afectuoso.
53 **sobrino:** hijo de un hermano/a.
54 **empujar:** hacer fuerza contra una persona para moverla.
55 **caerse de espaldas:** caerse hacia atrás.

Tu primera novela
El sombrero de tres picos

- ¡Que el señor Corregidor puso mal la silla y se ha caído!, contestó Frasquita.

- ¿Y se ha hecho daño?, añadió Lucas.

- ¡No me he hecho nada!, dijo el Corregidor, levantándose como pudo.

Y luego añadió a media voz dirigiéndose a Frasquita:

- ¡Me las pagarás![56]

- ¿Me guarda usted rencor[57]?, replicó la navarra.

- ¡De ti depende, amor mío!, exclamó el Corregidor.

. . .

En ese momento bajó el tío Lucas de la parra.

- ¡Ahora usted va a probar mis uvas!, dijo la señá Frasquita y añadió: todavía no las ha probado el Señor Obispo. Son las primeras que se cogen este año.

En esto apareció en el extremo de la plazoleta el Obispo de la diócesis, acompañado del abogado[58] y de los canónigos[59], seguido del secretario y de dos criados.

- ¡El señor Obispo!, exclamaron los Molineros dejando al Corregidor y corriendo hacia él.

- ¡Aquí tiene usted!, dijo el Corregidor, tomando un racimo de uvas de manos de la Molinera. Todavía no las he probado yo.

Después se sentaron todos y se habló del tiempo y de la probabilidad de una nueva guerra con Napoleón. A una señal del Obispo uno de los criados trajo una magnífica torta[60] que todos comieron.

Hora y media después todos los ilustres compañeros de la merienda[61] estaban de vuelta[62] en la ciudad. El señor Obispo había llegado bastante antes gracias al coche y se encontraba ya en palacio. El abogado y los dos canónigos acompañaron al Corregidor hasta la puerta del Ayuntamiento y se fueron a sus casas.

- ¡Somos unos calaveras[63]!, se decían el abogado y los canónigos. ¿Qué pensarán en nuestras casas al vernos llegar a esta horas?

---

56 **me las pagarás:** sufrirás las consecuencias.
57 **rencor:** resentimiento.
58 **abogado:** persona autorizada que defiende los derechos de sus clientes.
59 **canónigo:** eclesiástico que forma parte de la catedral.
60 **torta:** masa de harina que se cuece a fuego lento.
61 **merienda:** comida ligera que se toma por la tarde.
62 **estar de vuelta:** haber llegado de nuevo.
63 **un calavera:** un hombre vicioso a quien le gusta divertirse.

Tu primera novela
El sombrero de tres picos

- Hay que ser mejores.

- Pero hablemos de otra cosa, replicó un canónigo: ¡qué guapa estaba esta tarde la señá Frasquita!

- ¡Oh, lo que es eso..., como guapa, es guapa!, dijo el abogado.

- Y si no, añadió el canónigo, que se lo pregunten al Corregidor.

- ¡El pobre está enamorado de ella!

- ¡Ya lo creo!, exclamó el canónigo.

El abogado y los canónigos se separaron:

- ¡También le gusta a ése la Molinera!, murmuró uno de los canónigos.

Y el otro canónigo pensó:

- ¡También te gusta a ti la señá Frasquita! ¡Y la verdad es que como guapa, es guapa!

• • •

Mientras tanto, el Corregidor había subido al Ayuntamiento acompañado de Garduña, con quien estaba hablando desde hacía un rato[64].

- La señá Frasquita, decía el Alguacil, está muy enamorada de usted.

- ¡No estoy tan seguro como tú, Garduña!, contestó don Eugenio, suspirando.

- Además, añadió el Alguacil, la señá Frasquita es capaz de tirarse por una ventana con tal de obtener el nombramiento[65] de su sobrino.

- Hasta ahí estamos de acuerdo. ¡Ese nombramiento es mi única esperanza!

El Corregidor cogió un papel, escribió unas líneas.

- ¡Ya está hecho el nombramiento del sobrino!, dijo entonces. Y añadió:

- Acabas de decirme que el molino del tío Lucas pertenece al pueblo de al lado. ¿Estás seguro de eso?

---

64 **hacía un rato:** desde hacía cierto tiempo.
65 **nombramiento:** acción de designar a una persona para ocupar un puesto.

Tu primera novela
El sombrero de tres picos

- ¡Segurísimo!, replicó Garduña.

El Corregidor cogió otro papel y escribió una nota.

- Ahí tienes la carta que me has pedido para el alcalde del pueblo. Tú le explicarás todo lo que tiene que hacer.

- No se preocupe, contestó Garduña.

- Bueno, vamos al asunto, añadió el Corregidor. Son las siete y cuarto. Lo primero que tienes que hacer es ir a casa y decir a la Señora que no me espere a cenar ni a dormir. Dile que esta noche me quedaré aquí trabajando hasta muy tarde y que después saldremos en busca de unos ladrones[66]. Yo no quiero presentarme esta noche delante de la Señora, pues me conoce tanto que es capaz de leer mis pensamientos. Enseguida, te marchas[67] al pueblo.

- A las nueve y media puede usted llamar sin problemas a la puerta del molino, contestó el Alguacil. ¡Ah! Otra cosa, añadió, no llame usted a la puerta grande que da a la plazoleta sino a la puertecilla que hay encima del canal.

- ¿Encima del canal hay otra puerta?

- Sí, señor, la puertecilla del canal da al mismo dormitorio de los Molineros... y el tío Lucas no entra ni sale nunca por ella. De forma que si vuelve pronto...

- Comprendo, comprendo.

- Por último, trate usted de marcharse antes del amanecer[68]. Ahora amanece a las seis.

- A las cinco estaré de vuelta en mi casa. Pero bastante hemos hablado ya.

Actividades

1. ¿Por qué la señá Frasquita le dice al Corregidor que su marido está durmiendo?
2. ¿Qué quería conseguir la señá Frasquita del Corregidor?
3. ¿Cree Garduña que la señá Frasquita está enamorada del Corregidor?
4. El Corregidor va a ir por la noche al molino. ¿Por qué debe llamar a la puerta del canal y no a la principal?

66 **ladrón:** persona que roba.
67 **marcharse:** irse.
68 **amanecer:** cuando el día empieza.

Tu primera novela
El sombrero de tres picos

Tercera parte

Serían las nueve de aquella misma noche; Lucas y Frasquita habían terminado las tareas[69] del molino y de la casa. Habían cenado y después de mirarse con cariño los esposos se dijeron:

- Vamos a acostarnos, y mañana será otro día.

En aquel momento sonaron dos fuertes golpes a la puerta grande del molino. El marido y la mujer se miraron con inquietud.

- Voy a ver..., dijo la navarra.

- ¡Quita! ¡Eso me toca a mí![70], exclamó el tío Lucas.

- ¿Quién es?, preguntó el tío Lucas.

- ¡La Justicia!, contestó una voz del otro lado de la puerta.

- ¿Qué justicia?

- ¡La de aquí! Abra usted la puerta.

Lucas abrió la puerta. Era el alguacil del pueblo de al lado.

- ¡Buenas noches! Toñuelo, Dios te guarde. ¿Quieres tomar algo?

- No señor; no hay tiempo para nada. Tiene que seguirme inmediatamente. Lea usted esta orden.

- ¿Cómo seguirte?, exclamó el tío Lucas, entrando en el molino después de tomar el papel.

La señá Frasquita dejó la escopeta que tenía en la mano. El Molinero miró a la navarra con una mirada llena de ternura.

La orden decía así:

> "Para el mejor servicio de S. M. el rey Nuestro Señor, ordeno a Lucas Fernández, molinero de aquí, que en cuanto reciba[71] esta orden[72] se presente delante de la autoridad sin excusa ni pretexto alguno.
>
> El Alcalde:
>
> Juan López."

---

69 **tarea:** trabajo.
70 **eso me toca a mí:** eso me corresponde a mí.
71 **en cuanto reciba:** nada más recibir.
72 **orden:** escrito por el que la autoridad manda.

Tu primera novela
El sombrero de tres picos

- Oye, tú ¿Y qué es esto?, preguntó el tío Lucas al Alguacil. ¿A qué viene esta orden?

- No lo sé, contestó el Alguacil. El señor López se lo explicará todo.

- Dile que iré mañana, exclamó el Molinero.

- ¡No, Señor! Tiene que venir usted ahora mismo sin perder un minuto.

Hubo un instante de silencio.

- Me dejarás por lo menos preparar la burra, exclamó el tío Lucas.

- Pues entonces no perdamos tiempo. Yo le ayudaré a preparar la burra.

- Pues mira, Toñuelo, dijo la Molinera, ya que vas a la cuadra[73], prepara también la otra burra.

- ¡No puede ser, señá Frasquita!, dijo el Alguacil. Tengo orden de llevarme a su marido nada más.

- ¡Qué cosa más rara!, dijo en voz baja el murciano.

- ¡Muy rara!, contestó la señá Frasquita.

Los dos esposos se miraron en silencio y pocos minutos después el tío Lucas salía del molino.

- Cierra bien, dijo el tío Lucas.

- Abrígate[74], que hace frío, dijo la señá Frasquita.

Y no hubo más adiós, ni más beso, ni más abrazo, ni más mirada.

¿Para qué?

Ya habían andado medio kilómetro sin hablar una palabra, cuando vieron en lo alto del camino la sombra de un enorme pájaro que se dirigía hacia ellos. El Molinero exclamó:

- Toñuelo, ¡aquél es Garduña, con su sombrero de tres picos!

- No veo a nadie, respondió entonces Toñuelo con la mayor naturalidad.

---

73 **cuadra:** lugar donde se recogen los caballos, los burros, etc.
74 **abrigarse:** vestirse mucho para no tener frío.

Tu primera novela
El sombrero de tres picos

El Molinero se decía interiormente:

"Este viaje es una estratagema[75] amorosa del Corregidor. Esta noche va a volver al molino y prefiere que yo no esté ahí. Pero ¡Frasquita es Frasquita y no abrirá la puerta! Sin embargo, añadió él, mejor será volverme esta noche a casa lo más pronto que pueda".

• • •

En esto llegaron el tío Lucas y el alguacil a casa del señor Alcalde.

- ¡Hola, tío Lucas! ¿Qué tal? ¿Y la señá Frasquita? ¿Se conserva tan guapa? ¡Yo hace tiempo que no la he visto! Siéntese, que no tenemos prisa.

El tío Lucas se convenció de que tenía razón en sus dudas y dijo:

- Por mi parte, ninguna.

- Pues entonces, tío Lucas, continuó el Alcalde, puesto que usted no tiene prisa, dormirá esta noche aquí y mañana nos ocuparemos de este asunto[76] sin importancia.

- Me parece muy bien, respondió el tío Lucas con ironía y disimulo y añadió:

- ¿Me permite que me acueste en seguida? Estoy muy cansado.

- ¡De acuerdo!, respondió el Alcalde.

- Hasta mañana, señores, respondió el Molinero.

Cuando se quedaron solos, el Alcalde dijo al Alguacil:

- El tío Lucas no se ha dado cuenta de nada. Nos podemos acostar tranquilos.

Cinco minutos después, un hombre salía por la ventana que daba al corral[77]. En el corral había caballos y burros. El hombre cogió una burra, la llevó hacia la puerta del corral y salió como una flecha[78] con dirección a la ciudad.

Era el tío Lucas, que se dirigía a su molino.

---

75 **estratagema:** astucia para engañar a alguien.
76 **asunto:** tema.
77 **corral:** lugar donde están los animales domésticos.
78 **como una flecha:** muy deprisa.

Tu primera novela
El sombrero de tres picos

- ¡Mañana por la mañana, iré a ver al Señor Obispo y le contaré todo lo que ha ocurrido esta noche!, se iba diciendo el tío Lucas. ¡La cosa no puede ser más clara! Garduña trajo aquí estas instrucciones de parte del Corregidor, y ésta es la hora en que el Corregidor va hacia mi casa. ¡Quién sabe si me lo encontraré ya dentro! ¡Quién sabe! Pero ¿qué voy a decir? ¿Dudar de mi navarra? ¡Oh, esto es imposible! ¡Imposible que mi Frasquita…! Pero ¿qué estoy diciendo? ¿No se casó conmigo, siendo tan hermosa ella y yo tan feo?

Y al hacer esta última reflexión el tío Lucas se echó a llorar y paró su burra para fumar y tranquilizarse. Encendió[79] un cigarro y en ese mismo momento sintió pasos en el camino.

Actividades

1. ¿Quién arresta al tío Lucas?
2. ¿Por qué la señá Frasquita quiere preparar también la otra burra?
3. ¿Qué creía el Molinero que iba a pasar esa noche en su casa?
4. ¿Por qué el tío Lucas le pidió al Alcalde acostarse en seguida?

[79] **encender:** aquí, hacer fuego.

Tu primera novela
El sombrero de tres picos

Cuarta parte

- ¡Qué imprudente soy!, dijo, me estarán buscando.

Escondió el cigarro y se ocultó[80]. Pero la borrica entendió las cosas de diferente modo y lanzó un rebuzno[81] de satisfacción. Al mismo tiempo resonó otro rebuzno en el camino en forma de respuesta. Luego volvió a montar y exclamó:

- ¡Dios mío! Haz que llegue pronto a mi casa y que encuentre a mi Frasquita!

Cuando llegó delante del molino, la puerta estaba abierta. Sin embargo, él había oído a su mujer cerrarla. Por consiguiente, nadie más que su propia mujer había podido abrirla.

Pero ¿Cómo? ¿Cuándo? ¿Por qué? ¿Qué iba a ver? ¿Qué iba a saber? ¿Se habría ido la señá Frasquita? ¿Estaría muerta? ¿Estaría en brazos de otro?

- El Corregidor, se decía el tío Lucas, contaba con que yo no podría venir en toda la noche. El alcalde del pueblo tendría orden de guardarme. ¿Sabría todo esto Frasquita?

Mientras reflexionaba, se dio cuenta de que la puerta de la casa también estaba abierta. Dentro de la cocina no había nadie. La chimenea que dejó apagada[82], estaba encendida.

- ¿Qué significaba todo aquello? ¿Qué habría sido de su mujer?

Entonces se dio cuenta el tío Lucas de que había ropas[83] alrededor de la chimenea. Miró las ropas y se quedó mudo[84]. Veía allí la capa roja y el sombrero de tres picos del Corregidor.

La terrible escopeta seguía en el mismo sitio en que horas antes la dejó la navarra. La cogió. Estaba cargada.

Se volvió entonces hacia la escalera que conducía a la habitación en que había dormido tantas veces con la señá Frasquita y exclamó:

- ¡Allí están!

Avanzó, pues, en aquella dirección, pero enseguida se paró para mirar alrededor de él y distinguió un papel que había sobre la mesa.

80 **ocultarse:** esconderse.
81 **rebuzno:** voz del burro.
82 **apagar:** aquí, extinguir el fuego.
83 **ropa:** prendas de vestir.
84 **mudo:** sin voz.

Tu primera novela
El sombrero de tres picos

¡Aquel papel era el nombramiento del sobrino de la señá Frasquita, firmado por don Eugenio de Zúñiga y Ponce de León!

- ¡Éste ha sido el precio de la venta!, pensó el tío Lucas. ¡Siempre me di cuenta de que quería a su familia más que a mí! ¡Ah! ¡No hemos tenido hijos!... ¡He aquí la causa de todo!

Y empezó a subir la escalera, llevando la escopeta en una mano y el papel entre los dientes.

- ¡Aquí están!, volvió a decir.

Y en aquel instante oyó toser[85] dentro del dormitorio. ¡Era la tos del Corregidor!

- ¡A lo mejor me equivoco!, pensó el tío Lucas. ¡A lo mejor la tos ha sido de Frasquita!

Entonces miró por el ojo de la cerradura[86] y vio la cabeza del Corregidor.

- ¡Conozco la verdad! El asunto es delicado... Necesito reflexionar.

Bajó a la cocina, se sentó en medio de ella y meditó[87] mucho tiempo hasta que lo despertó de su meditación un ligero golpe que sintió en un pie. Era la escopeta.

- ¡No! ¡Se trata de un corregidor... y matar a un corregidor es grave! ¡Lo que necesito es vengarme[88] y, después de vengarme, triunfar, reír, reírme mucho, reírme de todos!

De repente, sus ojos vieron la ropa del Corregidor. Su cara se puso contenta y por último se echó a reír. Se quitó su ropa muy deprisa. La colocó en las mismas sillas que ocupaba la del Corregidor. Se puso toda la ropa que pertenecía a éste: la capa roja y el sombrero de tres picos, y salió del molino hacia la ciudad moviéndose como solía hacerlo don Eugenio de Zúñiga y diciéndose:

- ¡También la Corregidora es guapa!

• • •

Dejamos por ahora al tío Lucas y nos vamos a enterar[89] de lo que había ocurrido en el molino mientras tanto.

---

85 **toser:** tener tos.
86 **ojo de la cerradura:** agujero del mecanismo que cierra la puerta.
87 **meditar:** pensar con mucha atención.
88 **vengarse:** tomar venganza.
89 **enterarse:** informarse.

Tu primera novela
El sombrero de tres picos

Una hora habría pasado desde que el tío Lucas se marchó con Toñuelo, cuando la navarra oyó gritos fuera de la casa.

- ¡Socorro, que me ahogo[90]! ¡Frasquita! ¡Frasquita!, exclamaba una voz de hombre.

- ¿Será Lucas?, pensó la navarra, llena de terror[91].

En el mismo dormitorio había una puertecilla que daba efectivamente, como dijo Garduña, al canal. La señá Frasquita abrió la puerta y se encontró con el Corregidor que se había caído en el agua.

- ¡Dios mío! ¡Dios mío!, murmuró el viejo.

- ¡Cómo! ¿Es usted? ¿Qué significa esto? ¿A qué viene usted a estas horas?, gritó la Molinera.

- ¡Calla! ¡Calla! Yo te lo diré todo. ¡He estado a punto de[92] ahogarme! ¡Mira, mira cómo me he puesto!

- ¡Fuera, fuera de aquí!, replicó Frasquita con violencia. ¡No tiene nada que explicarme! ¡Demasiado lo comprendo todo! ¿Lo he llamado yo a usted? ¡Ah! ¡Por eso ha mandado usted arrestar[93] a mi marido!

- Mujer, escucha.

- ¡No escucho! ¡Márchese usted inmediatamente, señor Corregidor!... ¡Márchese o lo mato!

- ¿Qué dices?

- ¡Le digo a usted que se marche!

- ¡Calla! Mira..., aquí te traigo el nombramiento de tu sobrino. Enciende la chimenea y hablaremos... Mientras se seca la ropa, yo me acostaré en esta cama...

- ¡Ah, ya! ¿Así que usted venía por mí? Por eso ha mandado arrestar a mi Lucas. Por eso traía usted el nombramiento. ¿Qué se habrá figurado[94] de mí este imbécil?

- ¡Frasquita! ¡Soy el Corregidor!

- A mí ¿qué? Yo soy la mujer de mi marido. ¿Cree usted que tengo miedo de los corregidores? ¡Yo sé ir a Madrid, y al fin del mundo a

---

90 **ahogarse:** morir en el agua.
91 **terror:** miedo.
92 **estar a punto de:** expresa que casi ocurre algo.
93 **arrestar:** detener.
94 **figurarse:** creer, pensar, suponer.

Tu primera novela
El sombrero de tres picos

pedir justicia! Y, sobre todo, yo sabré mañana ir a ver a la señora Corregidora.

- ¡No harás nada de eso! No harás nada de eso; porque yo te pegaré un tiro[95].

- ¡Un tiro!, exclamó Frasquita.

- Si insistes, te lo pegaré.

- ¿Así que pistola[96] también? ¡Y en el bolsillo el nombramiento de mi sobrino! Pues señor, espere un momento, voy a encender la chimenea.

Y de pronto Frasquita cogió la escopeta y la apuntó[97] hacia el Corregidor.

- ¿Así que decía usted que me iba a pegar un tiro?

- ¿Qué vas a hacer?, gritó el Corregidor.

La caída en el canal, la violenta escena del dormitorio y el miedo de la escopeta habían disminuido las fuerzas del viejo.

- ¡Me muero!, murmuró el Corregidor. ¡Llama a Garduña! Llama a Garduña que estará ahí. ¡Yo no debo morirme en esta casa!

No pudo continuar. Cerró los ojos y se quedó como muerto.

Actividades

1. ¿Qué encontró el tío Lucas alrededor de la chimenea de su casa?
2. ¿Qué vio el tío Lucas cuando miró por el ojo de la cerradura de su habitación?
3. ¿Dónde crees que va el tío Lucas vestido de Corregidor?
4. ¿Por qué el Corregidor amenaza a la señá Frasquita con pegarle un tiro?

---

95 **pegar un tiro:** disparar con un arma de fuego.
96 **pistola:** arma de fuego.
97 **apuntar:** señalar hacia alguien.

Tu primera novela
El sombrero de tres picos

Quinta parte

- ¡Y se morirá como dice!, exclamó la señá Frasquita. ¿Qué hago yo ahora con este hombre en mi casa? ¿Qué dirían de mí si se muere? ¿Qué diría Lucas? ¿Cómo podría justificarme[98], cuando yo misma le he abierto la puerta? ¡Oh, no!... Yo no debo quedarme con él. ¡Yo debo buscar a mi marido!

Dicho esto, dejó la escopeta, se fue al corral, cogió la burra, abrió la puerta y salió.

- ¡Garduña! ¡Garduña!, gritaba la navarra.

- ¡Presente!, contestó el Alguacil. ¿Es usted, señá Frasquita?

- Sí, soy yo. ¡Ve al molino y ocúpate de tu amo[99] que se está muriendo!

- Y usted, ¿adónde va a estas horas?

- ¿Yo? ¡Yo voy a la ciudad a buscar un médico!, contestó la señá Frasquita.

Y tomó, no el camino de la ciudad, como acababa de decir, sino el camino del pueblo de al lado.

Cuando Garduña llegó al molino, el Corregidor trataba de levantarse del suelo.

- ¿Se ha marchado ya?, fue la primera frase de don Eugenio.

- Sí, señor. Ya se ha marchado y creo que iba de mal humor.

- ¡Ay, Garduña! Me estoy muriendo. Me he caído en el canal. Ayúdame.

Garduña lo subió al dormitorio, le quitó la ropa, le acostó y colocó sus ropas en la cocina, junto a la chimenea, para secarlas. Luego subió a ver al Corregidor.

- ¿Qué tal vamos?, le preguntó.

- ¡Ay Garduña!, la señá Frasquita ha querido asesinarme.

- La señá Frasquita no ha debido de ser tan mala con usted puesto que ha ido a la ciudad a buscarle un médico.

---

98 **justificarse:** dar razones de su buena conducta.
99 **amo:** persona que tiene criados.

Tu primera novela
El sombrero de tres picos

- ¿Estás seguro de que ha ido a la ciudad?, exclamó don Eugenio.

- Eso es lo que me ha dicho.

- ¡Corre, corre, Garduña! ¡Ah! ¡Estoy perdido! ¿Sabes a qué va la señá Frasquita a la ciudad? ¡A contárselo todo a mi mujer! ¡A decirle que estoy aquí! ¡Garduña, corre, corre! ¡Evita que la terrible Molinera entre en mi casa!

- Pues voy corriendo. Duérmase usted tranquilo.

...

La única aventura que le ocurrió a la navarra en su viaje desde el molino al pueblo fue tener mucho miedo al notar que alguien prendía fuego[100] en el campo. En esto se oyó un rebuzno hacia el mismo lado.

- ¡Burros en el campo a estas horas!, pensó la Molinera. La burra de mi marido no puede ser. ¿Qué haría mi Lucas, a medianoche, fuera del camino?

Y la burra que montaba ella se puso a rebuznar[101] también en ese momento.

- ¡Calla, demonio!, dijo la señá Frasquita y la sacó también del camino.

Sin más problemas llegó la navarra a las puertas de la casa del alcalde. Éste estaba durmiendo. Se despertó con dificultad y dijo:

- ¿Qué pasa, señá Frasquita? ¿No le ha dicho Toñuelo que se quede en el molino?

- ¡Necesito ver a mi Lucas!, respondió la navarra. ¡Necesito verlo al instante! ¡Que le digan que está aquí su mujer!

- Yo no sé nada, señá Frasquita. Su marido está durmiendo tranquilamente en esta casa. ¡A ver, Toñuelo! Di al tío Lucas que se despierte y venga corriendo. Bueno, pues... ¡Cuénteme usted lo que pasa!

- Lo que me pasa, contestó Frasquita, es una cosa muy sencilla: que usted y el Corregidor han querido perderme. ¡Yo estoy aquí y el señor Corregidor está en el molino muriéndose!

---

100 **prender fuego:** encender algo.
101 **rebuznar:** dar rebuznos.

Tu primera novela
El sombrero de tres picos

- ¡Muriéndose el Corregidor! Señora, ¿sabe usted lo que dice?

- ¡Lo que usted oye! Se ha caído en el canal, y casi se ha ahogado.

- ¡Señor Alcalde, señor Alcalde!, exclamó en esto Toñuelo más muerto que vivo. El tío Lucas no está, su burra tampoco, y la puerta del corral está abierta.

- ¿Qué estás diciendo?, gritó el señor Juan López.

- ¡Dios mío! ¿Qué va pasar en mi casa?, exclamó la señá Frasquita. ¡Corramos, señor Alcalde; no perdamos tiempo! Mi marido va a matar al Corregidor al encontrarlo allí a estas horas.

- ¿Cree usted que el tío Lucas está en el molino?

- Pues, estoy segura. Cuando yo venía me he cruzado con él sin conocerlo. ¡Él era el que prendía fuego desde lejos! Sin duda nuestras dos burras se reconocieron y se saludaron, mientras que mi Lucas y yo ni nos saludamos.

- En fin, vamos andando, replicó el Alcalde.

En esto salieron para el molino el señor Juan López, la señá Frasquita y Toñuelo.

. . .

Garduña había vuelto al molino, después de haber buscado a la señá Frasquita por todas las calles de la ciudad.

El Alguacil había ido al Corregimiento[102] donde lo encontró todo muy tranquilo. Dormían al pie de la escalera algunos alguaciles y cuando oyeron llegar a Garduña le preguntaron:

- ¿Viene ya el señor?

- No. Quedaos tranquilos. Vengo a saber si pasa algo.

- Nada.

- ¿Y la Señora?

- En su casa.

---

102 **corregimiento:** ayuntamiento.

Tu primera novela
El sombrero de tres picos

- ¿No ha entrado una mujer por esas puertas hace poco?

- Nadie ha aparecido por aquí en toda la noche.

- Pues no dejéis entrar a nadie.

Y hablando así tomó el camino del molino. Pero no se dio cuenta de que alguien estaba escondido muy cerca. Era el tío Lucas, vestido de Corregidor y que repetía de vez en cuando la frase:

- ¡También la Corregidora es guapa!

Pasó Garduña sin verlo, y el falso Corregidor salió de su escondite[103].

Actividades

1. ¿Por qué se quitó sus ropas el Corregidor?
2. ¿Qué oyó la señá Frasquita en el camino del molino al pueblo?
3. ¿Está enfadada la señá Frasquita con el Alcalde? ¿Por qué?
4. ¿Cómo supo la señá Frasquita que su marido había vuelto al molino?

103 **escondite:** lugar donde estaba oculto.

Tu primera novela
El sombrero de tres picos

Sexta parte

Cuando llegó al molino, el Corregidor seguía en la cama.

- ¡Qué bien sudo[104], Garduña! ¡Me he salvado de una enfermedad!, exclamó el Corregidor al entrar el Alguacil. ¿Y la señá Frasquita? ¿La has encontrado? ¿Viene contigo? ¿Ha hablado con la señora?

- La Molinera, Señor, respondió Garduña, no se fue a la ciudad sino al pueblo en busca de su esposo.

- ¡Mejor!, ¡mejor!, dijo el Corregidor. Tráeme la ropa, Garduña, que ya estará seca. ¡Tráemela y vísteme! ¡El amante se va a convertir en Corregidor!

Garduña bajó a la cocina a buscar la ropa.

• • •

Entretanto, la señá Frasquita, el señor Juan López y Toñuelo avanzaban hacia el molino. Llegaron pocos minutos después.

- ¡Yo entraré el primero!, exclamó el Alcalde. Sígueme Toñuelo, y usted, señá Frasquita, espérese a la puerta hasta que yo la llame.

Entró, pues, el señor Juan López y vio a la luz de la luna un hombre vestido como solía vestir el Molinero.

- ¡Él es!, gritó el Alcalde. ¡Entréguese[105] usted, tío Lucas!

- ¡Entréguese!, gritó a su vez Toñuelo, saltando sobre él y tirándole al suelo.

Al mismo tiempo la señá Frasquita se echó sobre Toñuelo y le tiró también al suelo.

- ¡Deja a mi Lucas!, decía ella.

Garduña, pensando que el Corregidor era Toñuelo, decía a la Molinera:

- ¡Señora, respete usted a mi amo!

Y la tiró de espaldas sobre Toñuelo. Pero ella le dio un golpe tan grande en el estómago que le hizo caer boca abajo[106].

---

104 **sudar:** perder agua por la piel cuando se tiene mucho calor.
105 **entregarse:** declararse vencido.
106 **caer boca abajo:** caer con la cara hacia el suelo.

Tu primera novela
El sombrero de tres picos

Ya eran cuatro las personas que rodaban[107] por el suelo.

- ¡Garduña! ¡Socorro! ¡Yo soy el Corregidor!, gritó al fin don Eugenio.

- ¡El Corregidor! ¡Pues es verdad!, dijo el señor Juan López.

- ¡El Corregidor!, repitieron todos.

- Pero señor, observó el señor Juan López, ¿cómo había de conocerle a usted con esa ropa tan ordinaria?

- Pues ¿qué ocurre?, preguntó la señá Frasquita.

- Que el tío Lucas va por la ciudad vestido de Corregidor y ha llegado quizás hasta el propio dormitorio de la Corregidora.

- ¡Dios mío!, exclamó la Molinera. ¡Mi marido ha ido a la ciudad a vengarme! ¡Vamos, vamos a la ciudad para justificarme a los ojos de Lucas.

- ¡Vamos a la ciudad para impedir[108] que ese hombre hable con mi mujer!, dijo el Corregidor.

• • •

La Molinera y el Corregidor cada uno en una de las burras del molino, el señor Juan López en su mula y los alguaciles andando, llegaron a la puerta del Corregimiento.

La puerta estaba cerrada.

- ¡Malo!, pensó Garduña, y llamó dos o tres veces a la puerta.

¡Pum!... ¡Pum!... ¡Pum!... ¡Y nada! ¡No respondía nadie! ¡No abrían!

Al fin se abrió una ventana del piso segundo, y dijo una voz femenina:

- ¿Quién?

- Es la voz de la criada, murmuró Garduña.

- ¡Yo!, respondió don Eugenio de Zúñiga. ¡Abrid!

Pasó un instante de silencio.

- ¿Y quién es usted?, replicó la criada.

---

107 **rodar:** dar vueltas.
108 **impedir:** hacer imposible.

Tu primera novela
El sombrero de tres picos

- Pues ¿no me oye usted? ¡Soy el amo!... ¡El Corregidor!

- Mi amo vino hace una hora y se acostó en seguida, contestó la criada.

- ¿No oye usted que soy yo?, gritó el Corregidor.

- Pero vamos a ver, replicó la criada. ¿Quién es usted para dar esos gritos?

- ¡Soy el Corregidor!

- ¿No le digo a usted que el señor Corregidor vino antes de las doce y que yo lo vi con mis propios ojos entrar en las habitaciones de la señora?

La señá Frasquita lloró por la primera vez de su vida.

- ¡Lucas! ¡Lucas!, decía. ¡Y has podido dudar de mí! ¡Y has podido coger en tus brazos a otra!

- ¿Qué ruido es éste?, dijo al fin una voz tranquila.

Todos levantaron la cabeza y vieron a una mujer vestida de negro en el balcón principal de la casa.

- ¡La señora!, dijeron los criados.

- ¡Mi mujer!, murmuró don Eugenio.

- Pasad. El señor Corregidor dice que lo permite, añadió la Corregidora.

Don Eugenio de Zúñiga y sus acompañantes entraron en la casa. La Corregidora recibió a su esposo y a sus acompañantes en el salón principal del Corregimiento.

Estaba sola, de pie, y con los ojos mirando hacia la puerta. Se llamaba doña Mercedes Carrillo de Albornoz y Espinosa de los Monteros y era de noble familia. Era una hermosa mujer, bastante joven todavía y de aspecto solemne.

- ¡Mercedes!, exclamó el Corregidor al entrar. Necesito saber inmediatamente.

- ¡Hola, tío Lucas! ¿Usted por aquí? ¿Ocurre algo en el molino?

- ¡Señora!, replicó el Corregidor. Necesito saber qué ha sido de mi honor[109].

---

[109] **necesito saber qué ha sido de mi honor:** necesito saber si no he sido engañado.

Tu primera novela
El sombrero de tres picos

—Pues entonces, mi querido tío Lucas, pregúnteselo usted a su mujer. Precisamente nos está escuchando.

La señá Frasquita se había quedado a la puerta del salón.

—Pase usted, señora, y siéntese, añadió la Corregidora.

La Molinera entró majestuosamente en el salón y se sentó en una silla.

—¡Mercedes!, gritó el Corregidor. De nuevo te pregunto que me digas todo lo que ha pasado aquí durante mi ausencia. ¿Dónde está ese hombre?

—¿Quién? ¿Mi marido? Mi marido se está levantando, y no puede tardar[110] en venir.

—¡Merceditas! ¡Date cuenta de lo que dices! ¡Date cuenta de que nos están oyendo! ¡Date cuenta de que soy el Corregidor!

Actividades

1. ¿Por qué todos confundieron al Corregidor con el Molinero?
2. ¿Qué motivos tiene la señá Frasquita para ir a la ciudad? ¿Y el Corregidor?
3. ¿Por qué la criada del Corregidor no le quería abrir la puerta de su casa?
4. ¿Cómo actúa la esposa del Corregidor al verle llegar por la noche?

---

110 **tardar:** emplear tiempo en hacer una cosa.

Tu primera novela
El sombrero de tres picos

Séptima parte

- Mi marido, el Corregidor, contestó doña Mercedes, llegó a esta casa hace dos horas, con su sombrero de tres picos y su capa roja. Los criados y los alguaciles que me escuchan se levantaron y lo saludaron al verlo pasar por la puerta. En seguida se cerraron todas la puertas, y desde entonces no ha entrado nadie en mi casa. ¿Es cierto? Responded vosotros.

- ¡Es verdad! ¡Es muy verdad!, contestaron los criados y los alguaciles.

- ¡Fuera de aquí todo el mundo!, gritó don Eugenio. ¡Garduña! ¡Garduña! ¡Ven! ¡Todos a la cárcel[111]!

Garduña no estaba por ningún lado.

- Además, señor, continuó doña Mercedes, supongamos que usted es mi esposo. Supongamos que usted es don Eugenio de Zúñiga y Ponce de León...

- ¡Lo soy!

- Supongamos todo lo que usted quiera... ¿De dónde viene usted con esa ropa? ¿De dónde viene usted con esa señora? ¿Dónde ha pasado usted la mitad de la noche?

- Con permiso, exclamó la señá Frasquita.

- Señora, no me dé explicaciones. Yo no se las pido a usted. Ahí viene quien puede pedírselas. ¡Entiéndase usted con él!

Al mismo tiempo se abrió la puerta y apareció el tío Lucas, vestido de Corregidor de pies a cabeza.

. . .

- ¡Buenas noches!, dijo el tío Lucas, quitándose el sombrero de tres picos.

El tío Lucas se puso pálido al ver que su mujer se acercaba, pero luego se dominó y se rió:

111 **cárcel:** lugar donde están los presos.

Tu primera novela
El sombrero de tres picos

- ¡Dios te guarde, Frasquita! ¿Le has enviado ya a tu sobrino el nombramiento?

- ¡Te desprecio[112], Lucas!, le dijo en mitad de la cara.

Al oír la voz de su mujer, la cara del Molinero se transformó y olvidó por un momento todo lo que había visto y creído ver en el molino y exclamó con lágrimas en los ojos:

- ¿Así que tú eres mi Frasquita?

- ¡No!, respondió la navarra. ¡Yo no soy tu Frasquita!, y se echó a llorar.

La Corregidora fue hacia ella y la cogió en sus brazos. La señá Frasquita se puso entonces a besarla, sin saber lo que hacía.

- ¡Señora, señora! ¡Qué desgraciada[113] soy!

- ¡No tanto como usted cree!, le contestó la Corregidora, llorando también.

- ¡Yo sí que soy desgraciado!, decía al mismo tiempo el tío Lucas.

- Pues ¿y yo?, añadió al fin don Eugenio y se echó a llorar.

Y Juan López y los criados lloraban de igual manera. Todo parecía terminado y, sin embargo, nadie se había explicado.

El tío Lucas fue el primero en pedir explicaciones.

- ¡Señores, denme explicaciones!

- ¡No hay explicaciones, tío Lucas!, exclamó la Corregidora.

- ¡Bueno, que hablen!, dijo el tío Lucas.

- ¡Yo no hablo!, contestó la Molinera. ¡El que tiene que hablar eres tú! Porque la verdad es que tú...

- Pues ¿y tú?, respondió Lucas.

- Ahora no se trata de ella, gritó el Corregidor. ¡Se trata de usted y de esa señora! ¡Ah, Merceditas! ¿Quién había de decirme que tú...?

- Pues ¿y tú?, replicó la Corregidora.

112 **despreciar:** no tener estima.
113 **desgraciada:** infeliz.

Tu primera novela
El sombrero de tres picos

Y durante algunos momentos, los dos matrimonios repitieron cien veces las mismas frases:

- ¿Y tú?

- Pues ¿y tú?

- ¡Vaya, que tú!

- ¡No, que tú!

- Pero ¿cómo has podido tú...?

Al fin, la Corregidora dijo al Corregidor:

- ¡Mira, cállate tú ahora! Ya veremos más tarde nuestro problema. Lo que es urgente en este momento es tranquilizar al tío Lucas. La cosa me parece fácil, pues el señor Juan López y Toñuelo están dispuestos a justificar lo que ha hecho la señá Frasquita.

- ¡Yo no necesito el testimonio[114] de los hombres!, respondió ella. Tengo dos testigos[115] mucho mejores.

- Y ¿dónde están?, preguntó el molinero.

- Están abajo, en la puerta.

- Pues diles que suban.

- Las pobres no pueden subir.

- ¡Ah! ¡Son dos mujeres! ¡Vaya testimonio!

- Tampoco son mujeres. Sólo son hembras.

- ¡Peor! ¡Serán dos niñas! Hazme el favor de decirme sus nombres.

- Una se llama Piñona y la otra Liviana.

- ¡Nuestras burras! Frasquita, ¿te estás riendo de mí?

- No, estoy hablando en serio. Mientras tú ibas esta noche desde el pueblo a nuestra casa, yo me dirigía desde nuestra casa al pueblo. Por consiguiente, nos cruzamos en el camino. En esto rebuznó tu borrica...

- ¡Justamente! ¡Ah, qué feliz soy!... ¡Habla, habla!

---

114 **testimonio:** justificación.
115 **testigo:** persona que da testimonio de algo.

Tu primera novela
El sombrero de tres picos

- Y a aquel rebuzno le contestó otro en el camino.

- ¡Oh, sí, me parece estar oyendo!

- Eran Liviana y Piñona que se habían reconocido y se saludaban como buenas amigas, mientras que nosotros dos ni nos saludamos ni nos reconocimos. Así que yo no estaba en el molino. Si quieres saber ahora por qué el señor Corregidor estaba en nuestra cama es porque se cayó al canal y tenía la ropa mojada. Si quieres saber por qué abrí la puerta, fue porque pensé que eras tú el que se ahogaba y me llamaba a gritos.

- ¡Todo lo que ha dicho la señá Frasquita es la pura verdad!, gritó el señor Juan López.

- ¡Todo! ¡Todo!, añadió Toñuelo.

- ¡Así que eres inocente!, exclamaba el tío Lucas. ¡Frasquita mía, Frasquita de mi alma! ¡Perdóname y deja que te dé un abrazo!

- Antes de abrazarte, necesito oír tus explicaciones.

- Yo las daré por él y por mí, dijo doña Mercedes.

- Hace una hora que las estoy esperando, exclamó el Corregidor.

- Yo las daré, continuó la Corregidora, después de habernos cambiado de ropa.

- Vamos a cambiarnos, dijo el murciano a don Eugenio.

Actividades

1. ¿Por qué el Corregidor quiere mandar a todos a la cárcel?
2. ¿Por qué todo el mundo se puso a llorar?
3. ¿Cómo demuestra la señá Frasquita que no estaba en el molino con el Corregidor? ¿Por qué sus testigos no pueden venir?
4. ¿Por qué la señá Frasquita no deja que su marido la abrace?

Tu primera novela
El sombrero de tres picos

Octava parte

Cuando salieron de la sala el Corregidor y el tío Lucas, la Corregidora se sentó en el sofá, colocó a su lado a la señá Frasquita y dijo a los criados:

- ¡Vaya, muchachos! Contad ahora vosotros a esta excelente mujer todo lo malo que sepáis de mí.

Y una de las criadas dijo de esta manera:

- Tiene que saber, señá Frasquita, que estábamos yo y mi señora rezando[116] el Rosario para hacer tiempo cuando oímos un ruido en la habitación de al lado. Fuimos a ver y, al entrar, vimos a un hombre, vestido como mi señor, pero que no era él. Gritamos "¡ladrones!" y un momento después la habitación estaba llena de gente.

Mi señora, como todos, reconoció al tío Lucas y, al verlo vestido con aquel traje, temió por la muerte de su marido. "¡Ladrón!" "¡Asesino!", decíamos todos. El tío Lucas no se atrevía a decir anda, pero, viendo que se lo llevaban a la cárcel, dijo... lo que voy a repetir: "Señora, yo no soy ladrón ni asesino. El ladrón y el asesino... de mi honra[117] está en mi casa acostado con mi mujer".

- ¡Pobre Lucas!, exclamó la señá Frasquita.

- ¡Pobre de mí!, murmuró la Corregidora.

- Sí, pero el tío Lucas, añadió el alguacil, nos engañó[118] con su traje y su manera de andar cuando entró en casa. No había venido con muy buenas intenciones. ¡Si la señora no llega a estar levantada...!

- Sí, es verdad, exclamó otra criada, señá Frasquita, el tío Lucas, para explicar su presencia en la habitación de la señora, tuvo que explicar las intenciones que traía. La señora no pudo soportar lo que oía y le dio una bofetada[119] en medio de la cara. Yo misma le insulté[120].

- Después, añadió otro criado, la señora se calmó y dijo: "A pesar de lo que ha pasado, es necesario que su mujer y mi esposo crean durante algunas horas que ellos mismos han sido engañados".

Mientras hablaban los criados, la Corregidora y la Molinera se daban besos a cada momento y se reían.

En esto entraron en el salón el Corregidor y el tío Lucas, vestido cada uno con su propia ropa.

- ¡Merceditas... estoy esperando tus explicaciones!, dijo el Corregidor.

---

116 **rezar:** decir oraciones.
117 **honra:** honor, respeto que alguien merece.
118 **engañar:** hacer creer algo que no es verdad.
119 **bofetada:** golpe en la cara.
120 **insultar:** ofender a alguien con palabras.

Tu primera novela
El sombrero de tres picos

Mientras tanto la Molinera y el tío Lucas se habían levantado para marcharse.

- ¡Oh, no!, gritó don Eugenio. ¡Lo que es el tío Lucas no se marcha! ¡Alguaciles, arrestadlo!

Ni un solo alguacil obedeció a don Eugenio. Todos miraban a la Corregidora.

Cuando se habían marchado ya todos y sólo quedaban en el salón la Corregidora y su esposo, ésta se dignó al fin a decirle:

- Nunca sabrás lo que ha pasado esta noche en mi habitación... Te desprecio de tal modo, que te echo para siempre de mi dormitorio. Buenas noches, caballero. Pronunciadas estas palabras, la Corregidora entró en su habitación y cerró las puertas.

El pobre hombre se quedó en medio del salón murmurando:

- Pues, señor, no esperaba yo escapar[121] tan bien. Garduña me buscará un sitio.

...

El tío Lucas y la señá Frasquita salían de la ciudad con dirección a su molino.

Los esposos iban a pie, y delante de ellos caminaban las dos burras.

- El domingo tienes que ir a confesar[122], le decía la Molinera a su marido.

- Has pensado muy bien, contestó el Molinero. Pero tú vas a dar a los pobres las ropas de nuestra cama. ¡Yo no me acuesto donde ha sudado aquel animal!

- ¡Cállate, Lucas!, replicó la señá Frasquita. Hablemos de otra cosa. Quiero pedirte otro favor, el verano que viene llévame a tomar los baños[123] para ver si tenemos hijos.

- ¡Felicísima idea[124]!

En esto llegaron al molino. Por la tarde, con gran sorpresa de los esposos, vieron llegar al molino más señorío que nunca. El obispo, muchos canónigos, los frailes y varias otras personas llenaron la plazoletilla.

Sólo faltaba el Corregidor.

Una vez reunida la tertulia, el señor Obispo tomó la palabra y dijo que, a pesar de lo ocurrido en aquella casa, sus canónigos y él seguirían viniendo a ella lo mismo que antes...

---

121 **escapar:** aquí, salir de un problema.
122 **confesar:** declarar sus pecados.
123 **tomar los baños:** se trata de baños medicinales a los que se les atribuyen ciertas propiedades.
124 **felicísima idea:** muy buena idea.

Tu primera novela
El sombrero de tres picos

Cerca de tres años continuaron estas tertulias, hasta que entraron en España los ejércitos de Napoleón y comenzó la Guerra de la Independencia[125].

El señor obispo murió en 1808 y los demás, años después para no sufrir la vista de los franceses.

El Corregidor nunca más fue al molino. Fue destituido por los franceses y murió en la cárcel.

Doña Mercedes no se volvió a casar, y educó perfectamente a sus hijos. Luego, se retiró a un convento.

Garduña se hizo afrancesado[126].

El señor Juan López fue guerrillero[127] y murió, lo mismo que el Alguacil, en la famosa batalla de Baza[128], después de haber matado a muchísimos franceses.

Finalmente, el tío Lucas y la señá Frasquita, aunque no llegaron a tener hijos, siguieron amándose del mismo modo, vivieron muchos años y vivieron muchos cambios políticos y de modas.

Pero los sombreros de copa[129], que ya usaba todo el mundo, no les pudieron hacer olvidar aquellos tiempos simbolizados por el sombrero de tres picos.

Actividades

1. ¿Qué castigo dio la Corregidora a su marido? ¿Le pareció bien a él?
2. ¿Qué aconseja la señá Frasquita al tío Lucas para reparar las malas intenciones que había tenido?
3. ¿Hubo más tertulias después de este incidente?
4. ¿Cuál fue el destino de los personajes?
   - ¿Quién murió en 1808?
   - ¿Quién murió en la cárcel?
   - ¿Quiénes murieron en la batalla de Baza?
   - ¿Quién se retiró al convento?
   - ¿Quién no se volvió a casar?
   - ¿Quiénes se siguieron amando mucho?
   - ¿Quién fue guerrillero?
   - ¿Quiénes no tuvieron hijos?
   - ¿Quién se hizo afrancesado?
   - ¿Quién no fue nunca más al molino?

---

125 **La guerra de la Independencia:** comenzó con la invasión de España por los ejércitos de Napoleón en 1808.

126 **afrancesado:** partidario de los franceses durante la invasión de Napoleón.

127 **guerrillero:** que lucha fuera del ejército.

128 **batalla de Baza:** batalla entre franceses y españoles durante la guerra de la Independencia española.

129 **sombrero de copa:** sombrero que tiene el ala estrecha y una forma cilíndrica y plana por encima.